젊은 논어

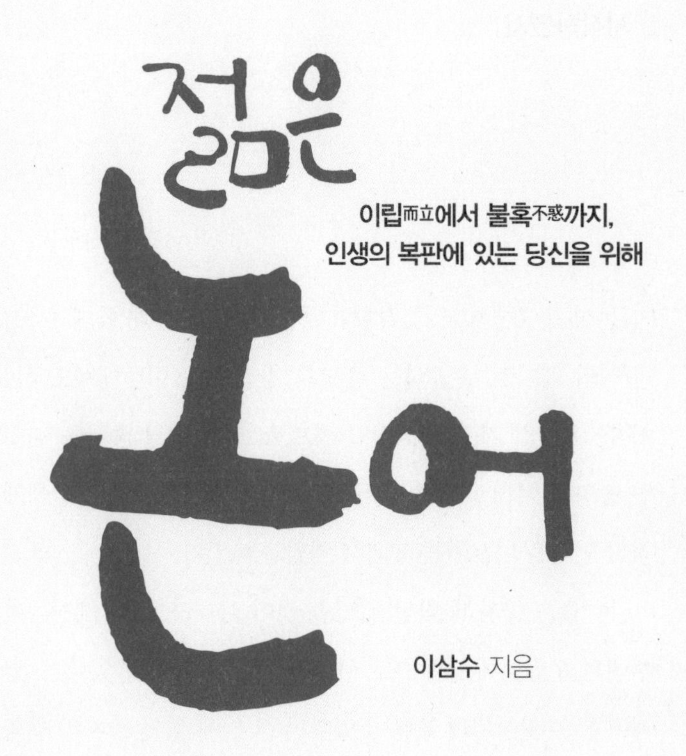

이립而立에서 불혹不惑까지,
인생의 복판에 있는 당신을 위해

이삼수 지음

홍익출판 미디어그룹

시작하면서

《논어》는 《맹자孟子》, 《대학大學》, 《중용中庸》과 함께 〈사서四書〉의 하나로 손꼽히는 유교의 경전이다. 이중에서도 《논어》는 유학의 가장 핵심적인 책으로, 오랜 세월 중국을 비롯한 동양의 여러 나라는 물론이고 전 세계 수많은 사람들에게 참된 인생을 가르치는 교과서 역할을 해왔다.

《논어》는 공자가 직접 집필한 것이 아니라 그의 제자들과 후대의 문인들이 공동으로 편찬한 것으로 알려져 있다. 그렇기에 《논어》는 여러 판본이 있지만 그 안에 있는 공자의 철학 사상은 동일하다.

책에는 공자가 제자들을 비롯한 춘추시대의 정치가나 일반 백성들과 토론한 내용, 제자들에게 전한 가르침이 들어 있는데 오늘날까지 총 20편, 482장, 600여 개의 문장이 전해 내려오고 있다.

책의 내용은 매우 쉽고 간결한 문장으로 구성되어 있어 글자를 아는 사람이라면 남녀노소 누구라도 읽을 수 있다. 그러나 그 속에 담긴 철학적 함의는 너무도 깊고 넓어서 시대를 뛰어넘어 가슴을 울리는 공감과 깨달음을 느끼게 된다.

《논어》는 공자의 삶과 철학이 고스란히 담긴 책이기에 읽다 보면 자연스럽게 성인으로 추앙받는 공자의 품격과 춘추시대의 정서를 이해할 수 있고, 그가 남긴 말씀과 행동에서 풍기는 향기를 통해 누구나 자기 삶을 재정립할 각오를 다지게 된다.

이 책은 오랫동안 인문고전의 최고봉이라는 상찬을 받아온 《논어》를 젊은 독자들이 읽기 쉬운 대중인문서로 탈바꿈시켜 현대적 문장으로 재해석한 도서로 삶의 지혜를 찾는 모든 이들에게 큰 도움이 될 것이다. 38개의 화두를 바탕으로 《논어》가 전하는 삶의 지혜를 재해석한 이 책을 통해 모두들 자기 인생을 위해 큰 꿈을 꾸기를 바란다.

공자孔子는 누구인가?

공자는 고대 중국 노魯나라 사람으로 춘추시대에 해당하는 기원전 551년 오늘날의 산둥성 취푸山東省 曲阜 지역에서 태어났다. 원래 이름은 구丘이고, 자字는 중니仲尼이다.

젊어서 한때는 노나라의 권력자인 계씨季氏 가문에서 창고지기로 일하거나 가축을 기르는 등 비천한 일에 종사했지만 그런 가운데서도 꾸준히 학문을 닦아 40대 무렵에는 흠모하고 따르는 제자들이 많아져 명성이 높아지기 시작했다.

공자는 이러한 학문적 업적을 바탕으로 정치에 입문하여 나라에 헌신하고 싶었지만, 공자를 불러 정치철학을 자문하거나 관직을 내려 직접 현실정치에 참여케 하는 제후들은 별로 없었다. 그래서 공자는 기원전 497년, 고대 중국 여러 나라에 불어 닥친 정치적 혼란기를 맞아 제자들과 함께 대륙을 떠돌며 자신의 정치철학을 실현할 군주를 찾아다녔다.

그러나 별다른 성과를 얻지 못하고 노나라 땅을 떠난 지 14년 만인 기원전 484년에 고향으로 돌아왔다. 그의 나이

68세 때였다. 이후 공자는 제자들을 가르치는 한편으로 각종 예악禮樂을 정비하고 문헌을 정리하는 데 전념했다.

후대 사람들은 공자를 성인 반열에 올리고 마음으로 추앙하며 그의 학문적 성취를 더 연구하고 발전시켰다. 대표적인 인물이 공자의 손자인 자사子思, 맹자, 주희朱熹 등이다. 이들은 공자가 세상을 떠나고 많은 시간이 지난 후에 태어난 인물들로 그만큼 공자의 학문적 업적이 위대했음을 알 수 있다.

이후 공자의 철학사상을 담은 유학儒學은 동양 삼국의 정치, 경제, 문화, 학문, 나아가 일상생활에까지 강력한 자산이 되었고 실천적 교범이 되어 오늘날까지 이어지고 있다.

목차

시작하면서 • 04

공자(孔子)는 누구인가? • 06

1장 기본이 무기다

01 근본 根本_ 기본으로 돌아가라 • 13

02 진중 鎭重_어제보다 편안해지는 법 • 18

03 반성 反省_풍요로운 인생을 만드는 길 • 23

04 개선 改善_당신의 친구들을 돌아보라 • 28

05 집념 執念_35세부터 55세까지의 20년 • 33

06 창의 創意_융통성이 차이를 만든다 • 38

2장 썩은 나무의 쓸모

07 화합 和合_주막집의 사나운 개 • 45

08 솔직 率直_모르면 모른다고 하라 • 50

09 성장 成長_나를 성장시켜 줄 사람 • 55

10 덕의 德義_남이장군을 생각한다 • 60

11 근면 勤勉_썩은 나무의 쓸모 • 65

12 인내 忍耐_가다가 중지 곳 하면 • 70

3장 한 삼태기의 흙

13 검약 儉約_실질과 허실 · 77

14 정직 正直_사람은 정직해야 한다 · 82

15 열의 熱意_끈질기게 궁구하라 · 87

16 경청 傾聽_공자를 가르친 여인 · 92

17 신뢰 信賴_공짜 점심은 없다 · 97

18 포용 包容_한 삼태기의 흙 · 102

4장 엎어진 앞 수레의 바퀴자국

19 지조 志操_세한도를 보며 · 109

20 경계 警戒_참아내는 자의 승리 · 114

21 분별 分別_승자와 패자 · 119

22 모색 摸索_임금답지 않은 임금의 최후 · 124

23 무권 無倦_결코 나태하지 마라 · 129

24 자각 自覺_엎어진 앞 수레의 바퀴자국 · 134

5장 얼마나 철저히 준비했는가?

25 대비 對備_두 명의 극지 탐험가 • 141

26 경제 經濟_어느 밥집의 문전성시 • 146

27 시선 視線_새로운 눈으로 바라보라 • 151

28 겸허 謙虛_부자들의 생존법 • 156

29 처세 處世_이로운 자와 해로운 자 • 161

30 심상 心相_신상은 심상보다 못하다 • 166

31 적절 適切_지나친 것과 부족한 것 • 171

6장 명필은 붓을 가리지 않는다

32 실천 實踐_명필의 붓 • 179

33 친교 親交_먹을 가까이하면 검어지고 • 184

34 질문 質問_절실하게 물어라 • 189

35 책임 責任_내 탓의 힘 • 194

36 파악 把握_많은 사람이 미워해도 • 199

37 포부 抱負_우물 안 개구리의 자랑 • 204

38 지락 至樂_좋아하는 것과 즐기는 것 • 209

마치면서 • 214

1장

기본이 무기다

군자가 무게감 없이 말하고 행동하면 위엄이
떨어지고 배움도 탄탄해지지 않는다. 진정성
있게 행동하고 신뢰성 있는 사람을 가까이하고,
나만 못한 사람과 친구가 되지 말고 단점이
있으면 과감히 고치기를 주저하지 말아야 한다.

-〈학이學而〉 중에서

01

근본根本

기본으로 돌아가라

有子曰 其爲人也孝弟 而好犯上者 鮮矣 不好犯上 而好作亂者
유자왈 기위인야효제 이호범상자 선의 불호범상 이호작란자

未之有也 君子務本 本立而道生 孝弟也者 其爲仁之本與
미지유야 군자무본 본립이도생 효제야자 기위인지본여
—〈학이 學而〉

유자가 말했다.
"사람의 됨됨이가 효성스러워 공경할 줄 아는 사람 중에 윗사람을 해치는 이는 드물다. 윗사람을 해치기를 좋아하지 않으면서 반란을 좋아하는 이는 없었다. 군자는 근본에 힘을 쓰니 근본이 바로 서면 도리가 생겨난다. 효도와 공경은 인仁을 행하는 근본이다."

세계에서 기본기가 가장 탄탄한 축구선수

아킬레스건 부상으로 28세에 선수생활을 마감한 축구선수가 있었다. 한때 국가대표 2군에까지 오르며 장래가 촉망된다는 말을 듣는 젊은이였다. 깡마른 체격에 겉보기에도 독종으로 보이는 그는 연습벌레라 불릴 만큼 불철주야 훈련에 매달리며 언젠가 최고의 플레이어가 되리라고 다짐했다.

얼마나 열심이었는지 매일같이 이어지는 단체훈련 말고도 1년 365일 새벽이든 저녁이든 개인훈련을 절대 멈추지 않았다. 그러나 그는 끝내 빛을 보지 못하고 너무 일찍 은퇴한 낙오자가 되고 말았다.

누구에게나 인생의 결정적인 장면 같은 시간이 있다. 어디로 가야 할지 몰라 두려움에 떨며 장막 뒤의 미래에 손을 내미는 선택의 순간 말이다. 그는 축구 지도자로 전향하여 유소년들을 가르치는 길을 선택했다. 그래서 아이들을 모아놓고 볼 감각을 익히도록 공이 몸에 붙을 때까지 반복, 또 반복 훈련을 시키며 기본기를 가르쳤다.

그때 초등학교에 다니는 둘째아들이 축구를 해보겠다고 나섰다. 아들은 다행히 운동에 꽤 소질이 있는 아이였다. 그때부터 아버지는 아들이 자식이라고 봐주고 말 것도 없이 혹독하게 훈련시켰다.

그 뒤 아들은 초등학교와 중학교를 거치면서 점차 두각을 나타내더니 고등학교 때 축구협회 우수선수 해외유학 프로젝트에 선발되어 독일 분데스리가의 함부르크 유소년 팀에 입단했다. 1년 뒤 이 아이는 소질을 인정받아 함부르크 팀과 유소년 선수 계약을 체결하고 본격적인 축구 수업에 들어갔다.

오늘날 이 선수는 전 세계 축구선수 중에서 가장 기본기가 탄탄하다는 말을 듣는다. 바로 토트넘 홋스퍼 팀의 손흥민이다. 우리는 손흥민의 영광 뒤에 아버지 손웅정 씨가 있음을 알고 있다. 축구의 기본기를 익혀 주려고 애를 썼던 그의 열정과 고집이 오늘의 손흥민을 만들었다고 할 수 있다.

아드 폰테스

'아드 폰테스ad fontes'라는 말이 있다. '기본으로 돌아가라'는 스페인어로, 영어로 옮기자면 'Back to Basics'라는 말과 같다. 이 말은 르네상스시대 인문주의 학자들이 타락한 중세 문화를 버리고 그리스로마 시대의 고담하고 순수한 문화로 돌아가자는 문예부흥운동을 할 때 뱉었던 외침이다.

세계 문명사에 지대한 영향을 끼친 르네상스는 14세기 때 시작하여 16세기 말까지 문화예술을 비롯한 사회 전반에 걸쳐 고대 그리스로마 문명을 재인식하고 그를 통해 인간 중심의 세상을 구현하려고 했다.

그 무렵 종교개혁자들은 타락한 기독교를 향해 '아드 폰테스'를 외쳤다. 이전까지 기독교는 추악한 성직자들이 세상을 쥐고 흔들어 많은 사람들이 인간 본연의 정신을 상실한 채 살아가는 혼돈의 세계였다. 바로 이때 종교개혁자들은 기독교 신앙의 원천인 성경 말씀으로 돌아가자고 외쳤고, 그때의 '아드 폰테스'가 유럽 문명을 떠받치는 기둥이 되었다.

근본이란 사물이나 생각이 생기는 본바탕을 말하고, 도리는 방법이나 수단을 뜻한다. 따라서 '군자는 근본에 힘을 쓰니 근본이 바로서면 도리가 생겨난다'는 공자의 말씀을 현대적으로 해석하면 무슨 일이든 방법을 모르겠으면 처음으로 돌아가 다시 시작하라는 말로 해석할 수 있다.

기본의 사전적 정의는 '어떤 것을 이루기 위해 가장 먼저, 그리고 반드시 있어야 하는 것'을 말한다. 따라서 비즈니스 현장에서 한창 추진 중인 일이 뜻대로 진척되지 않을 때나 잘 나가던 운동선수가 갑자기 성적이 잘 나오지 않을 때는 더 나은 프로젝트나 다른 기술을 개발할 생각을 버리고 지체 없이 처음 시작했을 때의 마음가짐과 준비자세를 찾아야 한다.

그러니 이렇게 말할 수 있다. 일이 잘 풀리지 않을 때면 이것 하나만 기억하자. 아드 폰테스! 열심히 일해서 얻은 결과물이 마음에 들지 않을 때 이렇게 외치자. 아드 폰테스! 기본으로 돌아가는 일이야말로 모든 이에게 튼튼한 생명줄이 될 것이다.

君子務本 本立而道生 군자무본 본립이도생

군자는 근본에 힘을 쓰니 근본이 바로 서면 도리가 생겨난다는 말. 아무리 힘든 문제에 부딪쳐 갈피를 잡지 못할 때에도 기본으로 돌아가 다시 시작하면 방법을 찾게 된다는 뜻이다.

02

진중鎭重

어제보다 편안해지는 법

子曰 巧言令色 鮮矣仁
자왈 교언영색 선의인
–〈학이 學而〉

공자께서 말씀하셨다.
"교묘하게 말을 잘하고 얼굴빛을 곱게 꾸며 남들이 자기를 좋아하게 만들려는 사람 중에 어진 사람이 드물다."

영업사원들의 성공 비결

예전엔 떠돌이 약장사들이 많았다. 말솜씨가 뛰어난 사람들이 온갖 재미있는 이야기를 늘어놓은 뒤 차력을 하거나 노래를 불러 손님들의 혼을 빼놓고는 효능이 검증되지 않은 보약이나 건강보조제를 팔았다.

그런가 하면 양복을 빼입은 영업사원들이 가정방문을 통해 전집류나 가전제품, 보험을 판매하는 일도 꽤 많았다. 심지어 자동차도 사무실이나 주택을 방문해서 판매 영업을 했다.

이때 판매를 결정하는 것은 상품 자체보다는 영업사원의 언변과 호감 가는 얼굴이 결정적일 때가 많았다. 탁월한 말솜씨에 거짓말을 하지 않을 것 같은 순진한 표정으로 영업하는 사람이 판매를 달성하는 데 아주 유리한 조건이었다는 얘기다. 그러나 과연 그것만이 성공의 유일한 비결일까?

창과 방패를 동시에 파는 상인

중국 초나라에 창과 방패를 파는 장사꾼이 있었다. 어느 날 그가 사람들에게 먼저 방패를 들고 나와 이렇게 소리쳤다.

"이 방패는 대단히 견고해서 어떤 창이라도 막아낼 수 있습니다."

잠시 후, 그가 이번에는 창을 들고 나와 소리쳤다.

"이 창은 대단히 날카로워서 어떤 방패라도 단번에 뚫어 버립니다."

그러자 구경꾼들이 말했다.

"그 창으로 아까 그 방패를 찌르면 어찌 될까요?"

장사꾼은 할 말을 잃고 서둘러 짐을 꾸렸다. 이때 생긴 말이 바로 '모순矛盾'이다. 아무리 말을 잘하는 사람이라도 진정성이 없으면 이처럼 웃음거리가 된다. 말솜씨나 차력이 전부가 아니라는 것이다.

매년 보험왕이나 자동차 판매왕에 뽑히는 사람들이 공통적으로 하는 말은 자신의 판매 비결은 얼굴이나 말빨이 아니라 인간적인 접근과 꾸준한 관계를 통해 신뢰를 쌓은 것이라고 한다. 믿음이 바탕에 깔린 지속적인 소통이 최고의 자산이라는 얘기다.

정치인들은 말로 먹고 사는 사람들이다. 그런데 정치인 중에는 입만 열면 남을 사납게 비방하거나 매도하는 등 독설을 내뱉는 사람이 있다. 참으로 묘한 일은 그런 국회의원 중에는 다음 선거에 또 당선이 되어 의사당으로 들어서는 경우가 많다는 것이다. 그 지역 사람들은 그 사람의 교언영색을 제대로 알아보지 못하는 것일까?

말할 때보다 침묵을 지킬 때

인간은 수렵시대에는 화가 나면 돌을 던졌다. 시간이 지나 도구를 만들 수 있게 되자 화살을 쏘거나 칼을 빼어들었다. 그리고 시간이 더 지니자 총을 들게 되었고, 오늘날에는 총보다 훨씬 강력한 무기를 발명하게 되었다. 바로 '말 폭탄'이다.

이제는 인격을 모독하는 악플로 사람을 죽이는 일이 예사가 되었다. '사불급설駟不及舌'이라는 말이 있다. 사람의 혀가 네 마리 말이 끄는 수레보다 더 빠르다는 말로, 그만큼 소문이 삽시간에 퍼지니 말조심을 하라는 뜻이다. 누군가 꾸며낸 저질스런 소문이 삽시간에 퍼져 한 사람을 지옥에 빠뜨리는 것처럼 말이다.

우리는 살면서 수많은 말을 남긴다. 그러다 잘못 뱉은 말 때문에 후회를 하고 낭패를 보고 여러 차례 이불킥을 하며 반성한다. 그렇기에 옛사람들은 '구시화문口是禍門'이라 해서 입이 재앙의 근원이니 말조심을 하라고 단속했다. 말로써 말이 많으니 입을 닫는 것이 좋다는 뜻이다.

말하기 전에 듣고, 더 많이 생각하고, 그런 다음 말해도 충분하다. 그러기 위해서는 말수를 줄여야 한다. 할 말이 있어도 일단 꿀꺽 삼키고 상대의 말을 듣자. 속내를 함부로 꺼내지 말자. 그러면 사람들은 당신이 말할 때보다 침묵을 지킬 때 더 두려운 존재로 대할 것이다. 판매왕이 이렇게 하고, 대화에서 이기는 사람이 이렇게 한다.

巧言令色 鮮矣仁 교언영색 선의인

화려한 말솜씨와 아름다운 낯빛으로 남을 대하는 사람치고 좋은 사람이 드물다. 번드르르한 말과 얼굴이 아니라 상대의 진짜 속내를 살펴봐야 한다는 뜻이다.

03

반성反省

풍요로운 인생을 만드는 길

曾子曰 吾日三省吾身 爲人謀而不忠乎
증자왈 오일삼성오신 위인모이불충호

與朋友交而不信乎 傳不習乎
여붕우교이불신호 전불습호
–〈학이學而〉

제자 증자가 말했다.
"나는 매일같이 나 자신에 대해 세 가지를 반성한다. 남을 도우면서 진심을 다했는가? 벗과 사귀면서 믿음을 주었는가? 가르침을 받고서 제대로 익혔는가?"

능력을 높이는 최선의 방법

니체는《즐거운 학문》에 이렇게 썼다.

"똑같은 일을 겪어도 어떤 사람은 많은 것을 깨닫고 얻어내지만 어떤 사람은 한두 가지밖에 얻어내지 못한다. 사람들은 전자를 능력자라 부르는데, 사실 우리는 어떤 대상으로부터 무엇을 얻어내는 게 아니라 그것에 의해 촉발된 자기 안의 뭔가를 뽑아내는 것이다. 그러니 나를 풍요롭게 해줄 대상을 찾지 말고 나 스스로가 풍요로운 사람이 되려고 노력해야 한다. 이것이 바로 자기의 능력을 높이는 최선의 방법이자 풍요로운 인생을 만드는 지름길이다."

평생을 고독한 방황과 질병, 그리고 편벽한 성품으로 고통받았던 니체는 그럼에도 사람들에게 자신의 운명을 사랑하라고 말한다. 자기의 운명을 사랑하지 않고서는 풍요로운 인생을 만들 수 없기 때문이다.

매일 자신에 대해 세 가지를 반성하는 사람은 어떤 삶을 살게 될까? 반성은 자신의 언행에 대해 잘못이나 부족함이 없는지 돌이켜보는 일이다. 거듭된 반성을 통해 이전의 잘못을 깨닫고 뉘우쳐서 새로운 삶을 살 수 있다면 그런 사람이야말로 풍요와 보람을 누리며 살게 될 것이다.

그러나 반성이나 후회를 아무리 많이 해도 그것이 현실에 뿌리 내리지 못하면 소용없는 일이다. 반성과 후회로 점철된 삶의 끝에는 자기혐오와 더 깊은 후회의 늪만이 가다리고 있기 때문이다.

목이 마른 뒤에야 우물을 파는 어리석음

노나라 소공이 권력을 빼앗기고 황급히 제나라로 도망쳤다. 그를 받아준 제나라 경공이 그에게 쫓겨난 이유를 묻자 이렇게 답했다.

"충신을 등용하지 않고 간신과 소인배만 가까이했기 때문입니다."

경공은 그가 잘못을 반성하니 앞으로는 훌륭한 인물이 되리라 생각하고 신하들에게 말했다.

"우리가 소공이 노나라로 돌아가도록 도와주면 장차 훌륭한 군주가 되지 않겠소?"

이에 한 신하가 말했다.

"어리석은 자는 본래 후회가 많고 반성이 많은 법입니다. 물에 빠진 자는 수로를 살피지 않았기 때문이며 길을 잃은 자는 길을 묻지 않았기 때문입니다. 물에 빠지고서야 수로를 찾고, 길을 잃고서야 길을 묻는 것은 목이 마른 뒤에야 급하 우물을 파는 것과 같으니 아무리 서둘러도 이미 때가 늦은 것입니다."

신하들의 말에 제나라 왕은 소공을 도와주겠다는 마음을 접었다. 목이 마른 뒤에야 우물을 파는 소공의 어리석음을 알았기 때문이다.

반성만 하고 실천하지 않는다면

반성은 자기 자신을 진심으로 사랑하는 가장 의미 깊은 행위라는 말이 있다. 자신을 사랑하지 않는 자에게 반성 따위는 없다는 얘기다. 후회하며 시간을 보내는 것이야말로 가장 큰 시간낭비라는 말도 있다. 반성만 하고 개선이 없으면 무슨 소용인가?

중요한 일은 반성한 뒤에 실천하는 일이다. 나이가 얼마가 되었어도 후회를 발판삼고 오늘의 반성을 다시 일어날 계기로 삼지 않으면 아무리 많은 기회가 와도 소용이 없다.

하루 세 번 반성한다는 증자의 말은 후대의 많은 이들이 좌우명으로 삼았지만 실상 일일삼성一日三省은 실천하기가 무척 어려운 숙제로, 살다 보면 어쩔 수 없이 자꾸 후회할 일을 저지르게 된다. 그러니 물에 빠지기 전에 수로를 살피고 길을 잃기 전에 길을 묻는 습관이 필요하다. 일상의 틀에 안주하지 말고 아주 작은 일이라도 더 세심하게 점검해야 한다.

참고로 '삼성오신三省吾身'에서 '三'은 세 번이라는 뜻이 아니라 '여러 차례, 자주'라는 의미이다. 반성의 횟수에 제한이 없으니 몇 번이라도 자기를 돌아보라는 뜻이다.

吾日三省吾身 오일삼성오신

나는 매일같이 나 자신에 대해 세 가지를 반성한다는 말. 오늘보다 더 나은 사람이 되기 위해 자신의 언행과 습관에 대한 끊임없이 반성한다는 뜻이다.

04

개선改善

당신의 친구들을 돌아보라

子曰 君子不重則不威 學則不固 主忠信 無友不如己者 過則勿憚改
자왈 군자불중즉불위 학즉불고 주충신 무우불여기자 과즉물탄개
—〈학이學而〉

공자께서 말씀하셨다.
"군자가 무게감이 없이 말하고 행동하면 위엄이 떨어지고 배움도 탄탄해지지 않는다. 진정성 있게 행동하고 신뢰성 있는 사람을 가까이하며, 나만 못한 사람과 친구가 되지 말고 단점이 있으면 과감히 고치기를 주저하지 말아야 한다."

습관적으로 각서를 쓰는 남편

TV에 중년의 연예인 부부가 나와 아내가 이런 말을 했다. "우리가 결혼한 지 20년이 되었는데, 남편이 나에게 반성문이나 각서를 100장 이상 썼어요."

20년에 100장이면 1년에 5장 이상 썼다는 뜻이니 어느 지역 사투리로 '징하다'는 말이 절로 나왔다. 반성문은 이제 그 집에서 사랑의 징표로 나누는 즐거운 포퍼먼스가 된 것일까?

우리 주변에는 입만 열면 거짓말을 내뱉는 사람, 말보다 주먹이 먼저 나오는 사람, 심지어 사기죄로 수차례 교도소에 갔다 온 사람이 있다. 그들은 왜 자신의 허물을 고치지 못할까?

뇌과학자들은 습관성 거짓말쟁이들은 위기상황만 되면 뇌에서 충동 조절 물질인 세로토닌이 기준보다 적게 분비되어 순간적으로 충동을 조절하지 못한다고 한다. 뇌과학자들은 이런 일은 유전적 요인 때문에 나타난다고 말하고 있다. 그러나 이것이 전부일까?

허물을 고치고 새사람이 된다면

진나라 때 주처周處라는 사람은 조실부모한 뒤 어려서부터 난폭하고 방탕하게 생활하며 지낸 탓에 누구도 좋아하는 사람이 없는 골칫거리였다. 그러다 철이 들면서 더 이상 인간쓰레기로 살 수 없다는 생각에 새사람이 되겠다고 결심했다.

그러나 아무도 그 말을 믿지 않았다. 심지어 사람들은 주처가 호랑이와 싸워 이긴다면 믿겠노라고 말할 정도였다. 그가 차라리 호랑이에게 물려갔으면 하는 마음으로 그리 말한 것이었다. 하지만 주처가 정말로 호랑이를 때려잡고 돌아와도 사람들은 그를 믿지 않았다. 실망한 주처가 저명한 학자 육기陸機를 찾아가 하소연하자 육기가 말했다.

"굳은 각오로 지난날의 허물을 고치고 새 사람이 된다면 자네의 앞길은 무한하네."

이후 주처는 더 열심히 심신을 닦아 나중에 이름난 학자가 되었다. 말 그대로 개과천선改過遷善의 주인공이 된 것이다. 이처럼 우리 주변엔 지난날의 잘못을 뉘우치고 각고의 노력 끝에 새사람이 되는 경우가 흔하다. 유전자가 전부는 아니라는 얘기다.

나만 못한 사람과 친구가 되지 마라

공자는 신뢰감이 있고 진정성 있게 행동하는 사람을 가까이하라고 말하면서, 특히 나만 못한 사람과 친구가 되지 말라고 권한다. 우리는 살면서 수없이 많은 친구를 만난다. 그 많은 사람들 중에 정말이지 흉금을 털어놓고 지낼 사람은 몇 명이나 될까? 여기 그런 친구들이 있다.

당나라의 유종원柳宗元과 유몽득劉夢得은 절친한 사이였다. 유종원은 당송8대가唐宋八大家에 꼽힐 만큼 유명한 문인이자 정치가였고, 유몽득은 시인으로 이름이 높았다.

어느 해에 유종원이 유주자사柳州刺史로 임명되고, 유몽득은 파주자사播州刺史로 가게 되었다. 그런데 파주는 몹시 궁벽한 변방이라 좌천을 당하는 것과 같았다. 더구나 유몽득은 노모를 모시는 처지여서 도저히 명을 따를 수가 없었다.

그러자 유종원이 팔을 걷어붙였다. 친구를 대신해서 자기가 파주로 가겠다고 나섰다. 유몽득에게는 고마운 일이었지만, 이 일은 나중에 몹시 미안한 일이 되고 말았다. 유종원이 그곳에서 나오지 못하고 4년 후 사망했기 때문이다. 후에 당나라 최고 문인 한유韓愈는 그들의 우정에 감복해 이렇게 썼다.

어려운 일을 당했을 때 비로소 참된 절의가 나타난다. 평소에는 서로 간과 쓸개를 내보일 것처럼 하며 죽어서도 우정이 변치 말자 맹세하지만 이해관계가 생기면 눈을 돌려 모르는 체하는 게 세상인심이다.

한유의 문장이 나만 못한 사람과 친구가 되지 말라는 공자의 충고와 겹쳐서 많은 생각을 하게 한다. 이해관계가 생기면 아예 눈을 감아버리는 세상에서 오늘은 당신의 친구들을 돌아보라.

過則勿憚改 과즉물탄개

허물이 있으면 고치기를 주저하지 말아야 한다는 말. 단점은 누구에게나 있는 법, 그것을 고쳐서 새로운 사람으로 다시 태어나는 것이 중요하다는 뜻이다.

05

집념執念

35세부터 55세까지의 20년

子曰 吾十有五而志于學 三十而立 四十而不惑
자왈 오십유오이지우학 삼십이립 사십이불혹

五十而知天命 六十而耳順 七十而從心所欲 不踰矩
오십이지천명 육십이이순 칠십이종심소욕 불유구
–〈위정爲政〉

공자께서 말씀하셨다.
"나는 열다섯에 배움에 뜻을 두었고 서른에는 스스로 일어섰으며 마흔에는 미혹됨이 없었고 쉰에는 하늘의 명을 알았다. 예순에는 귀로 들으면 듣는 대로 이해했으며 일흔에는 마음이 하고자 하는 바를 따라도 법도에 어긋나지 않았다."

이제 성숙한 나이가 되다

옛사람들은 나이를 나타내는 말을 따로 만들었다. 20세는 약관弱冠, 30세는 이립而立, 40세는 불혹不惑, 50세는 지천명知天命, 60세는 이순耳順, 70세는 종심從心이다.

30세를 뜻하는 '而立'은 세상 속에서 스스로 일어설 만큼 성장했으니 인생이라는 거친 들판을 당당히 홀로 나아가야 한다는 뜻이다. 40세의 '不惑'은 다른 사람의 말이나 주변 상황에 쉽게 마음이 흔들리지 않을 만큼 성숙한 사람이 되었다는 뜻이다.

50세를 일컫는 '知天命'은 하늘의 뜻이 무엇인지를 안다는 말로 그만큼 세상의 이치를 거스르지 않고 살아갈 수 있게 되었다는 뜻이다. 그래야 일흔 즈음에 이르러 마음이 하고자 하는 바를 좇아도 도道에 어그러지지 않는 사람이 될 수 있기 때문이다.

집념과 끈기가 필요한 시간

인생은 어느 한 군데 빼놓을 수 없이 전부 중요한 시간의 연속이지만, 나는 살면서 가장 중요한 시기는 35세부터 55세 사이라고 생각한다. 35세에서 55세까지의 20년은 인생의 한가운데에서 자기 삶을 더 단단하게 다지고 채워서 다가올 미래를 준비해야 한다.

얼마나 많은 사람들이 인생의 중간쯤에서 주위의 변화에 흔들리거나 자기 운명이 명령하는 것을 듣지 않아 그동안 쏟았던 땀과 눈물을 한꺼번에 탕진하고 나락으로 떨어지는가? 반면에 이전까지는 실패를 밥 먹듯이 하며 살았어도 그간의 경험을 발판삼아 인생 후반전을 다시 세우는 사람도 있다.

서른에는 자기만의 꿈을 향해 달려가고, 마흔에는 인생의 절반 지점을 통과했기에 그간의 경험을 토대로 '이제 진짜 시작'이라는 각오가 필요하며, 쉰부터는 마무리 단계에 들어가니 미래에 더욱 철저히 대비해야 한다. 이 시기는 더 많은 태풍과 폭우와 험난한 고갯길을 넘어가야 하니 마음을 단단히 먹어야 한다.

따라서 서른에는 어디로 갈 것인지, 어떻게 살 것인지, 누구와 함께 갈 것인지 인생 전반에 대한 분명한 설계도가 필요하다. 정확한 목적 없이 마흔의 시대를 넘어 쉰의 고개를 넘어가면 설계도 없이 건물을 짓는 것과 마찬가지로 반드시 무너지기 때문이다.

이 시기에 가장 필요한 마음가짐은 무엇일까? 사람마다 자신의 행진을 뒷받침하는 정신적 자산을 가지고 있겠지만, 나는 집념이 최고의 무기라고 생각한다. 당연히 마흔 이전의 삶에서도 집념으로 여기까지 왔겠지만 이제는 그런 마음을 더욱 다잡아야 하기 때문이다.

당신은 그렇게 살고 있는가?

옛날 중국 하남성의 어느 지역에 태행산과 왕옥산이라는 높은 산봉우리가 있고, 그 사이에 북산北山이라는 산이 자리잡고 있었는데 그곳 깊은 산골짜기에 90세 노인이 식솔을 거느리고 농사를 지으며 살고 있었다.

이곳은 험준한 산악지대로 주민들의 이동이 몹시 불편했다. 어느 날 노인이 태행산과 왕옥산을 평평 하게 만들어 대처로 이어지는 반듯한 도로를 내겠다고 장담하더니 당장 흙을 파내는 작업에 착수했다. 사람들이 비웃었지만 노인은 태연했다.

"내가 일하다 죽으면 아들이 이어받을 테고, 아들은 손자에게 이어져 언젠가 산이 반드시 평평해질 날이 올 것이다."

그러면서 노인은 일 년 삼백육십오일 매일같이 땅파기에만 매달렸다. 이에 노인의 정성에 감동한 천제天帝는 아예 두 산을 다른 곳으로 옮겨 놓아 광활한 들판을 만들어놓았다. 하늘마저도 노인의 집념에 감명을 받은 것이다.

이런 이야기는 오늘날까지 '우공이산愚公移山'이라는 고사성어로 사람들의 입에 오르내리고 있다. 산을 깎아 평지를 만들겠다는 우공의 신념까지는 아니더라도 그런 각오로 30대에서 50대까지의 20년을 살아간다면 하늘이 감동하는 날이 반드시 올 것이다. 당신은 그렇게 살고 있는가?

三十而立 四十而不惑 五十而知天命

삼십이립 사십이불혹 오십이지천명

서른에는 스스로 일어났으며 마흔에는 세상의 바람에 흔들림 없게 되었고 쉰에는 하늘의 뜻을 알아 세상 이치를 거스르지 않고 살게 되었다는 말이다.

06

창의創意

융통성이 차이를 만든다

子曰 君子不器
자왈 군자불기
–〈위정 爲政〉

공자께서 말씀하셨다.
"군자는 그릇처럼 한 가지 기능에 제한되어 있는 사람이 아니다."

하버드대학의 교육 목표

하버드대학의 교육 목표는 전문 분야의 최고 인재를 양성하기보다는 자유롭게 사고하는 교양인을 길러내는 것이라고 한다. 다시 말해서 한 가지 틀에만 국한된 사람이 아니라 다양성을 추구하는 멀티플레이어를 양성하는 것이 하버드대학의 목표라는 뜻이다.

어디 가나 마찬가지다. 진짜 인재는 일정한 용도에만 쓰이도록 한정지어진 사람이 아니라 여러 방면에 두루 쓰일 수 있는 열린 사고의 주인공이다. 이런 멀티플레이어는 특히 기업에 많아야 한다. 한 가지 업무에 탁월한 인재도 필요하지만 문제가 생겼을 때 다양한 방법을 찾아내어 가장 올바른 방향을 추출해내는 인재가 필요하기 때문이다.

핵심은 융통성이다. 그릇처럼 한 가지 기능에만 국한된 사람은 리더라 불릴 자격이 없다는 얘기다. 융통성이 없는 전문가, 창의력이라곤 없는 간부사원, 매일 똑같은 업무 패턴만 고집하는 직원들……. 이런 회사의 미래는 뻔하다. 역사책에 그런 사람이 나온다.

전쟁을 책으로 배운 자의 최후

중국 조나라에 조사趙奢라는 백전노장의 늙은 장수가 있었다. 그에게는 괄括이라는 아들이 있었는데 어려서부터 매우 총명하여 수백 권의 병법서를 달달 욀 정도였다. 전쟁을 필기시험으로 친다면 조괄이 천하를 평정할 정도로 병법의 달인이라는 얘기다.

조괄은 특히 군대를 지휘하는 문제나 전쟁터에 나가 전략 전술을 짜는 문제를 논할 때는 백전노장인 아버지도 아들을 당해내지 못해서 전국적으로 명성이 자자했다.

하지만 아버지는 그렇게 생각하지 않았다. 조사가 죽을 때 아내에게 이르기를 아들은 병서의 이론만 통달했을 뿐 실전 경험이 없어 대장군이 되면 나라가 큰 변을 당할 우려가 있으니 절대 군대 지휘를 책임지는 자리에 오르지 못하도록 말려 달라는 유언을 남겼다.

그런데 훗날 진나라가 조나라를 침공했을 때, 조나라 수도의 저잣거리에 이런 소문을 퍼져 나갔다.

"진나라는 조나라의 다른 대장군들은 늙어서 두렵지 않지만 병법의 천재인 조괄 장군은 두려워한다."

사실 이 소문은 진나라 첩자들이 퍼뜨린 유언비어였다. 그러나 조나라 왕은 무릎을 탁 치며 조괄을 당장 대장군에 임명하려고 했다. 그러자 신하들이 벌떼같이 일어서서 간언했다.

"조괄은 단지 병법서만 암기했을 뿐 상황에 맞춰 응용할 줄 모르는 풋내기이니 당장 명을 거두어 주십시오."

그러나 왕은 끝내 자기 뜻대로 했고, 조괄은 승리를 장담하며 전쟁터로 달려 나갔다. 그의 휘하에는 45만의 병사들이 포진하고 있었다. 조괄은 어떻게 되었을까?

그는 병법에 적힌 이론대로 작전을 펼치다가 제대로 싸워보지도 못하고 적이 파놓은 함정에 빠져 45만 병사 전원이 몰살당하는 중국 역사상 최악의 참패를 당했다. 이로 인해 조나라는 얼마 못가 나라의 문을 닫고 말았다.

공자가 당신에게 보내는 조언

전쟁이든 사업이든 세상의 모든 일은 우리 뜻대로 돌아가지는 않는다. 수많은 파란곡절을 겪은 후에야 비로소 목표 지점에 도달한다.

이때 필요한 것이 바로 융통성이다. 융통성은 영어로 'flexibility'로 '구부리기 쉽다, 신축성이 있다'는 뜻이다. 쇠막대기처럼 꼿꼿하지 않고 고무처럼 쉽게 휘어지는 것을 말할 때 쓰는 단어이다. 따라서 융통성이란 생각이 하나에만 붙들려 있지 않고 상하좌우 자유자재로 움직이는 것을 말한다.

군자불기는 형편에 따라 일을 이리저리 잘 처리하고 당면한 문제들을 훌륭히 해결하는 사람을 비유하는 말이다. 한 곳만 보는 게 아니라 넓은 시야로 여러 방향을 보는 사람, 일을 하면서 방법이 많은 사람, 어떻게든 무엇이든 실행하는 사람, 그런 사람이 되라는 공자의 말씀은 바로 당신에게 보내는 인생 처세의 귀한 조언이다.

君子不器 군자불기

군자는 그릇처럼 한 가지 기능에만 국한되어 있으면 안 되니 일을 하면서 다양한 방법과 수단을 두루 찾아 해결책을 모색할 수 있어야 한다는 뜻이다.

2장

썩은 나무의 쓸모

나에게 지위가 없는 것을 근심하지 말고 그런
지위에 올라설 만한 자격을 갖출 것을 근심하라.
나를 알아주지 않는 것을 근심하지 말고 알아줄
만한 사람이 되도록 노력하라.

-〈이인(里仁)〉 중에서

07

화합和合

주막집의 사나운 개

子曰 君子周而不比 小人比而不周
자왈 군자주이부비 소인비이부주
–〈위정爲政〉

공자께서 말씀하셨다.
"군자는 누구와도 잘 어울리지만 편을 가르지 않고, 소인은 편을 가르면서도 여러 사람과 잘 어울리지 못한다."

✱

당동벌이

군자는 다른 사람들과 잘 어울리면서도 패거리를 만들지 않지만 소인은 일껏 패거리를 만들고서도 그들과 제대로 어울리지 못한다는 공자의 말씀을 다시 새겨듣게 되는 이유는 오늘의 우리에게 던지는 꾸중 같기 때문이다.

우리는 사람들이 이해관계에 따라 네 편, 내 편을 가르면서도 자기편에 속하는 이들과도 실제로는 마음을 나누지 못하는 경우가 많다. 우리 역사를 돌아보면 이런 식의 싸움으로 부질없는 갈등과 반목이 빈번했던 과거가 있음을 알게 된다. 대표적인 것이 조선시대의 당파싸움으로 노론, 소론, 서인, 남인 등 이루다 헤아릴 수 없이 많은 파당들이 출몰했고, 그렇게 혼돈 속에서 근근이 명맥을 유지하다가 급기야 나라가 망했다.

'당동벌이黨同伐異'라는 말이 있다. 같은 의견을 가진 사람끼리 한패가 되고 다른 의견을 가진 사람은 무조건 배척한다는 뜻이다. 전형적인 패거리 정치 행태다.

중국 후한시대 말기는 환관과 외척세력, 당인黨人들이 벌인 극심한 당파싸움을 벌임으로써 스스로 혼란을 자초한 환란의 시대였다. 당인이란 명망 있는 인물을 중심으로 뜻을 같이하는 무리들이 모인 파당의 무리를 말하는데, 이들은 의견의 옳고 그름을 떠나 자기들과 다른 생각을 가진 집단은 무조건 배척했다. 그러다 이번에는 자기들끼리 죽고 죽이는 싸움을 일삼다가 결국 후한시대의 종말을 불러왔다.

주막집의 사나운 개

《한비자》에 '구맹주산狗猛酒酸'이라는 말이 나온다. 주막집의 개가 사나우면 술이 시어진다는 말로 대궐에 간신배가 들끓으면 어진 신하들이 모일 리 없고 그런 나라는 반드시 망한다는 뜻이다.

송나라 어느 고을의 술집은 주인이 술을 빚는 재주가 뛰어나고 항상 양을 속이지 않고 정직하게 팔았기에 사람들이 반드시 들렀다 가는 맛집으로 유명했다.

그런데 언젠가부터 문제가 생겼다. 갑자기 손님들의 발길이 뚝 끊어져 끼니를 걱정할 지경이었다. 엊그제까지 이곳을

뻔질나게 드나들던 손님들에게 왜 오지 않느냐고 물으면 고개만 흔들 뿐 대답하지 않았다.

주막집에서 술이 팔리지 않는 것은 빚어놓은 술이 시어 버려 먹지 못하게 된다는 뜻이니 이중삼중 손해였다. 주인이 하도 답답해서 마을의 노인을 찾아가 연유를 묻자, 노인이 뜻밖의 질문을 던졌다.

"자네 집의 개가 사나운가?"

"그렇습니다. 마을에서 짖어대는 소리가 제일 크고 사납기로 유명하지요. 하지만 개가 사나운 것과 손님들의 발길이 끊어진 것과 무슨 관계가 있습니까?"

"그렇지 않네. 사람들이 사나운 개가 무서워 출입을 할 수 없으니 자연히 술이 남아돌아 시어질 테고, 그러니 팔리지 않는 거라네."

우리 주변의 맹견들

법가 철학자 한비자는 이 같은 예를 들며 충신들이 임금에게 아무리 올바른 정책을 간언하려고 해도 대궐 안에 사나운 개처럼 짖어대는 간신배들이 설치면 충신들이 내놓는 좋은 의견은 실현되기가 어려워 나라에 망조가 든다고 강조했다.

사나운 개들이 임금을 단단하게 둘러싸고 있어 좋은 의견을 가진 충신들이 임금 앞에 다가가지 못한다. 아무리 임금이 신하들에게 의견을 구해도 사나운 개들이 앞을 가로막고 있으면 한 마디 잘못 던졌다가 물리기 일쑤이니 차라리 입을 닫아 버리게 된다.

그러니 리더의 자리에 있는 사람은 파당을 짓는 자들을 잘 구분하여 걸러내고 그들이 주요 직책을 차지하고 있는지 눈을 부라리고 살펴야 한다. 맹견이 가로막고 있어 주막집에 손님들이 찾지 않듯이 그런 자들이 결정권자의 앞을 가로막으면 끝장이기 때문이다.

君子周而不比 小人比而不周 군자주이불비 소인비이부주

군자는 누구와도 격의 없이 잘 어울리지만 편을 가르지 않고, 소인은 편을 가르면서도 다른 사람과 잘 어울리지 못한다는 말. 소인의 편협한 인간관계를 꼬집고 있다.

08

솔직率直

모르면 모른다고 하라

子曰 由 誨女知之乎 知之爲知之 不知爲不知 是知也
자왈 유 회여지지호 지지위지지 부지위부지 시지야
–〈위정 爲政〉

공자께서 말씀하셨다.

“너에게 안다는 것에 대해 말해 주겠다. 아는 것을 안다고 하고 모르는 것을 모른다고 하는 것이 바로 안다는 것이다.”

*

마케팅을 위해 태어난 사람

상품의 판매영업에 어려움을 겪던 한 중소기업에서 마케팅 담당 경력사원을 뽑았다. 이 회사는 가구 제조 판매업체로 격심한 마케팅 부진으로 경영에 어려움을 겪고 있었다. 그래서 베테랑 경력사원을 찾았고, 그 자리에 해당 분야 경험과 지식이 풍부하다는 40대 후반의 남자를 사장의 지인 소개로 뽑았다.

어느 회사나 마케팅 분야는 기업을 먹여 살리는 밥줄 노릇을 한다. 아무리 상품이 뛰어나도 고급한 마케팅이 작동이 안 되면 치열한 경쟁에서 탈락하여 상품이 창고에 처박혀 있다가 중고물품으로 헐값에 팔려나가게 된다.

그런데 그 자리에 적임자가 나타났으니 얼마나 기대가 컸겠는가? 그는 마치 자신이 마케팅을 위해 태어난 사람이라도 되는 듯이 유창하게 마케팅 전문지식을 좌르르 나열해서 사장을 감동시켰다.

마케팅이란 소비자의 욕구를 파악해서 그 결과를 제품 계획에 반영시키고 최고의 영업 방법을 동원해서 소비자들이 제품을 구매하도록 만드는 일련의 과정을 통칭한다. 그러나 말은 이렇게 단순해도 회사 경영에서 가장 어려운 것이 마케팅이라고 이구동성으로 말한다.

이 회사는 전에도 여러 명의 경험 많은 마케팅 담당자들이 거쳐 갔지만 하나같이 회사의 기대에 부응하지 못했다. 사장은 혹시 품질에 문제가 있는지, 가격은 적정한지 아무리 고민을 해봐도 딱히 흠잡을 데가 없어 더 답답했다.

그래서 마케팅의 야전사령관을 바꿔 보겠다는 결정을 한 것이고, 마침내 적임자가 나타난 것이다. 그는 전쟁 경험이 많은 장수처럼 이 정도는 식은 죽 먹기라는 듯이 큰소리 땅땅 치며 영업 현장을 뛰어다녀 사장을 안심시켰다.

그렇게 5개월이 지났다. 이상한 일은, 그가 이렇게 부지런히 뛰어다니는데도 이전의 실적과 별반 다르지 않고 매출이 점점 떨어지는 것 같아 사장의 애간장을 녹였다. 다시 5개월의 시간이 지났을 때 사장은 아무래도 미심쩍어 그와 면담을 했다. 말하자면 1대 1 압박 면접이었다.

사장은 마케팅 전문가는 아니지만 오랜 경험자로서 마케팅 업무 전반에 대해 의견을 나눌 정도는 되었다. 그리고 사장은 알게 되었다. 그는 과거 직장에서 오랫동안 마케터들을 관리하는 직책에 있었기에 여기저기서 주워들은 내용이 전부로 현장 경험은 전무한 사람이었다. 사장은 자신의 판단 미스에 한숨을 뱉었다.

모르는 것을 모른다고 하는 것

공자는 '아는 것을 안다고 하고, 모르는 것을 모른다고 하는 것이 진짜 아는 것'이라고 말한다. 그러나 문제는 경력자일수록 모르는 것을 모른다고 솔직하게 털어놓기가 대단히 어렵다는 것이다.

요즘 같이 번개 속도로 마케팅 환경이 바뀌어 돌아가는 상황에서 경험 많은 선배들은 자기가 알고 있는 지식에 어떤 변화가 있는지 재빨리 감지해야 한다. 하지만 대부분 경험에만 안주하면서 여기저기서 주워들은 오래된 지식에 만족하고 아는 체한다. 당신은 어떤가?

가령 직원들과 업무 대화를 나누는 중에 후배들이 뭔지 모를 전문용어를 말할 때가 있다. 이때 용기 있는 선배는 '그게 무슨 뜻이지?' 하고 물어본다. 하지만 용기도 없고 성의도 없는 선배는 그냥 아는 체하고 넘어가거나 아예 관심을 끊어 버린다.

우리 주변엔 이런 선배들이 많다. 젊은 시절 배운 지식을 평생 우려먹는 대학교수도 있고, 입만 열면 왕년의 경험으로 후배들을 닦달하는 선배도 있으며 소싯적에 얻어들은 기술이 최고라며 남에게 강요하는 선배도 많다.

당신이 엔지니어라면, 경험도 중요하지만 새로운 지식을 보태지 않으면 고리타분한 기술자에 지나지 않으니 당장 그런 꼰대 행위를 멈춰야 한다. 당신이 한 회사의 부장이라면 요즘 돌아가는 업계 정보들을 알아야 아랫사람들에게 제대로 일을 시킬 수 있다. 이 모든 사태는 모르는 것을 제때에 알려고 하지 않았기에 생긴 일이다.

이제부터 부끄러워하지 말고 무엇이든 물어 보자. 경험이 많을수록 아는 것에 더해서 더 많이 알아야 하고, 모르는 것은모른다고 말하는 솔직함이 자신을 발전시키는 열쇠라는 점을 잊어서는 안 된다. 공자의 말씀은 결코 헛말이 아니다.

知之爲知之 不知爲不知 是知也

지지위지지 부지위부지 시지야

아는 것을 안다고 하고 모르는 것을 모른다고 하는 것이 바로 안다는 것이라는 말. 모르는 것을 모른다고 말하는 용기가 앎으로 가는 첫걸음이라는 뜻이다.

09

성장成長

나를 성장시켜 줄 사람

子曰 不患無位 患所以立 不患莫己知 求爲可知也
자왈 불환무위 환소이립 불환막기지 구위가지야
—〈이인 里仁〉

공자께서 말씀하셨다.
"나에게 지위가 없는 것을 근심하지 말고 그런 지위에 올라 설 만한 자격을 갖출 것을 근심하라. 나를 알아주지 않는 것을 근심하지 말고 알아줄 만한 사람이 되도록 노력하라."

✱

나를 성장시켜 줄 단 한 사람

"인생이 비참하게 느껴지는가? 자신의 능력이 너무 사소하게 느껴지고 앞날에 먹구름이 드리운 듯 두려운가? 하지만 어쩌겠는가? 그럼에도 불구하고 당신을 상장시킬 수 있는 사람은 당신밖에 없지 않은가?"

어느 책에선가 밑줄을 그으며 읽은 내용이다. 남들이 알아주지 않는 것에 불평하거나 상심하지 말고 알아줄 만한 사람이 되려고 노력하라는 뜻이다. 신뢰받을 만한 능력을 갖추기 전에 먼저 인정부터 받으려는 태도를 꾸짖는 말이기도 하다.

높은 지위에 오르지 못하는 것을 한탄하기 전에 더 노력해서 그들보다 우월한 자리에 오르도록 노력하는 것이 아니라 윗자리에 있는 이들을 헐뜯거나 자기를 알아주지 않는다고 한탄하면서 더 이상 도전하기를 멈추는 사람도 있다.

그래서 생긴 말이 '적신지탄積薪之嘆'이다. 섶나무를 쌓다 보면 맨 먼저 놓은 것은 항상 아래에 있게 된다는 뜻으로, 벼슬아치를 하면서 윗사람의 선택을 받지 못하고 항상 말석을 전전하는 운명을 한탄한다는 뜻이다. 그러나 상승하려는 노력은 전혀 없이 자기보다 우위에 있는 사람을 비방한다면 문제가 심각해진다.

SNS로 헛소문도 모자라 밑도 끝도 없는 악플로 남을 괴롭히는 사람도 있다. 특히 직장인 사회에서 이런 일은 비일비재하다. 같은 날 입사해서 같은 일을 해왔는데 누구는 승진해서 높은 자리에 오르는데 나는 몇 년이 가도 똑같은 자리에 머물고 있다면 속이 쓰린 것은 어쩔 수 없는 일이다.

피를 머금어 다른 사람에게 뿜으면

그렇더라도 속상한 마음을 현실에 옮겨 익명의 탈을 쓰고 괴롭히기 시작하면 범죄가 된다. 《명심보감》에는 이런 말이 실려 있다.

> 다른 사람을 가늠해 보고 싶거든 먼저 자신을 가늠해 보아라. 다른 사람을 해치는 말은 도리어 자신을 해친다. 피를 머금어 다른 사람에게 뿜으면 자신의 입이 먼저 더러워지는 법이다.

남을 욕하는 행위는 결국 자신에게 돌아오는 비수가 되어 가슴을 찌르게 된다는 조언이다. 남의 얼굴을 더럽히려고 피를 뿜으면, 그 전에 먼저 자신의 입이 더러워진다는 말은 그래서 더 마음에 남는다.

남을 욕하고 비아냥거리는 사람도 문제지만 더 심각한 경우는 좌절에 빠져서 극단적인 선택을 하는 것이다. 입신양명의 길이 오직 벼슬아치가 되어 임금의 신임을 받는 길밖에 없던 고대 중국의 절대군주 체제 하에서는 자기 뜻을 세상에 펼치지 못하는 사람들이 바윗돌을 짊어지고 바다로 뛰어드는 일이 많았다. 그런 현상을 '부석입해負石入海'라고 한다.

오늘날에도 바윗돌은 아니라도 좌절과 절망 끝에 끝내 돌아올 수 없는 길을 선택하는 사람들이 많다. 공자는 이런 사람들에게 이렇게 묻는다. '나를 알아주지 않는 것을 근심하지 말고 알아줄 만한 사람이 되도록 노력하라'고 말이다. 이런 충고는 몇 번의 패배에도 절대 기죽지 말고 조금 더 노력해 보라는 권고의 말이기도 하다.

천자문에 '지과필개 득능막망知過必改 得能莫忘'이라는 말이 나온다. '자신의 허물을 알았다면 반드시 고치고, 고칠 수 있게 되었다면 잊지 말아야 한다'는 뜻이다. 공자의 말씀은 천자문에 나온 그대로다.

나에게 지위가 없는 것을 근심하지 말고 내가 무엇이 부족한지 알고 고쳐서 그런 지위에 올라설 자격을 갖추어라. 나를 알아주지 않는 것을 근심하지 말고 내게 무슨 허물이 있는지 알고 고쳐서 남들이 알아줄 만한 사람이 되어라.

문제는 밖에 있는 게 아니다. 나에게 부족한 부분을 고쳐 나가면 된다. 남들을 보기 전에 자신을 보고, 바깥쪽을 보기 전에 먼저 자신의 안쪽을 보라는 것이다. 사실은 그것이 제일 어렵지만 무턱대고 근심하며 살다가 낙오자가가 되는 것보다야 낫다.

不患無位 患所以立 불환무위 환소이립

나에게 지위가 없는 것을 근심하지 말고 그런 지위에 올라설 만한 자격을 갖출 것을 근심하라는 말. 문제를 밖에서 찾지 말고 내 안에서 찾으라는 뜻이다.

10

덕의德義

남이장군을 생각한다

子曰 德不孤 必有隣
자왈 덕불고 필유인
―〈이인 里仁〉

공자께서 말씀하셨다.
"덕이 있는 사람은 외롭지 않다. 반드시 이웃이 있기 때문이다."

27세에 병조판서에 오르다

남이南怡장군은 조선 세조 때의 청년 장수로 어려서부터 무예에 출중한 재능을 보이더니 24세 때 경기도 일대에서 약탈을 일삼는 도적떼를 토벌하여 명성을 떨쳤다. 이어서 남이장군은 함경도에서 일어난 이시애의 난을 평정하고 수시로 국경을 넘나들며 약탈과 살육을 일삼는 여진족까지 정벌하는 등 군계일학의 활약을 펼쳤다.

이를 흐뭇한 눈으로 바라보던 세조는 남이가 27세 때 돌연 병조판서에 제수했다. 전례가 없는 파격적인 발탁이었다. 이 결정은 신하들의 반대에 부딪쳐 금방 취소되었지만 남이에 대한 세조의 사랑이 얼마나 깊었는지 보여주는 일이다.

옛사람들은 남자 인생의 세 가지 재앙 중 하나가 소년등과少年登科라고 했다. 너무 어린 나이에 과거에 급제하여 벼슬길에 오르면 반드시 불행해진다는 뜻이다.

너무 이른 나이에 출세가도를 달리는 남이를 보는 선배들의 시선은 곱지 않았다. 젊은 놈이 설친다는 말이 곳곳에서 나왔고 오만하고 덕이 부족하다는 얘기도 들렸다. 특히 당시 대궐을 장악하고 있던 간신배들에게 임금의 총애를 받는 남이는 반드시 싹을 밟아 버려야 할 존재였다.

그러다 남이의 앞길에 암운이 드리워지는 일이 벌어졌다. 오랜 지병에 시달리던 세조가 죽자 남이를 더 이상 두고 볼 수 없다는 목소리가 비등했다. 그들 중 한 사람이 유자광柳子光으로, 서얼 출신이라 과거를 보지 못하고 경복궁을 지키던 문지기였는데 이시애의 난에서 나름 공을 세워 세조에게 발탁되었다.

그는 모략에 뛰어난 전형적인 모사꾼이었다. 유자광은 이시애의 난을 평정하면서 자신도 공을 세웠는데 나이도 어린 남이가 세조의 사랑을 더 많이 받는 것을 시기하며 남이를 자신의 출세에 방해물이 될 것으로 보았다.

그러다 세조가 죽자 유자광을 비롯한 간신배들은 뒤이어 보위에 오른 예종을 부추기기 시작했다. 예종은 1년 2개월이라는, 조선 역사를 통틀어 가장 짧은 기간 동안 보위에 올랐던 왕으로 즉위하자마자 간신배들의 거듭된 상소에 따라 남이를 역모죄로 처단했다. 남이의 나이 28세 때였다.

오늘날의 수많은 남이장군들

나는 용렬한 왕과 간사한 정치인들에 희생된 남이장군을 생각할 때마다 이런 생각을 한다. 그런 젊은이를 기성세대들이 조금만 더 덕의로 감싸 안았더라면 장차 나라에 크게 도움이 되지 않았을까?

젊은이들은 아무래도 기성세대와는 다르다. 생각의 방향이 다르고 현재를 바라보는 시선도 다르니 선배들의 눈에는 모든 게 삐딱하게 보인다. 하지만 그것을 품어 주지 않는 사회는 인재가 모이지 않는 고립된 세상이 된다.

20대에 무장으로 최고위직에 제수 받았던 남이가 우쭐한 마음에 선배들에게 말대꾸를 하며 자기 소신을 고집했을 수도 있다. 세조를 등에 업고 남의 가슴에 못을 박는 말을 뱉었을지 모른다. 뺏뺏하고 예의 없다는 말도 들었을 것이다. 그러나 조선이라는 폐쇄사회에는 그런 젊은이를 용납할 수가 없었다.

그러나 어느 시대, 어느 나라를 막론하고 젊은이들은 욕을 먹는다. 고대 이집트의 피라미드에서 발견된 상형문자에는 '요즘 젊은 아이들은 정말 문제가 많다'는 글이 발견되었고, 조선시대 선비들의 글에서도 '요즘 젊은 놈들은 버르장머리가 없다'는 문장이 여럿 보인다.

오늘날은 어떨까? 오늘의 기업사회나 정치계 어디든 똑똑한 후배가 두각을 나타내면 필사적으로 주저앉히려고 한다. 건방지다, 버릇없다, 함부로 설친다……. 온갖 악평과 비난을 쏟아내며 어떻게든 밟아버릴 궁리를 한다. 그리하여 오늘날 수많은 남이장군들이 기성세대의 벽에 부딪쳐 좌절의 쓴잔을 마시며 이슬처럼 사라진다. 공자의 말씀은 이렇게 바꿔 말할 수 있다.

> 덕이 없는 사회는 외롭게 된다. 반드시 인재들이 모여들지 않기 때문이다.

개인도 그렇고, 사회도 그렇고, 나라도 그렇다. 남이장군이라는 젊은이의 죽음은 역설적으로 그런 이야기를 우리에게 들려준다.

德不孤 必有隣 덕불고 필유인

덕이 있는 사람은 주위에 이웃들이 많기에 외롭지 않다는 말이다. 덕을 베풀면 주변에 사람들이 모여들지만 그렇지 않으면 사람들이 외면해 외롭게 된다는 뜻이다.

11

근면勤勉

썩은 나무의 쓸모

宰予晝寢 子曰 朽木不可雕也 糞土之墻不可杇也 於予與何誅
재여주침 자왈 후목불가조야 분토지장불가오야 어여여하주
–〈공야장 公冶長〉

제자 재여가 낮잠을 자고 있자 공자께서 말씀하셨다.
“썩은 나무에는 그림을 새겨 넣을 수 없고, 더러운 흙으로 쌓은 담장에는 흙으로 손질할 수가 없다. 그러니 재여를 어찌 꾸짖을 수 있겠는가?”

*

썩은 나무는 불쏘시개로 쓰일 뿐

나태懶怠는 기독교에서 7대 죄악의 하나로 꼽는 행위로 그냥 무엇을 하기 싫다는 소극적인 의미의 게으름이 아니라 적극적으로 해야 할 일을 거부하는, 즉 자신의 의무를 저버리는 태도를 말한다.

기독교에서 말하는 7대 죄악은 나태 이외에도 교만, 인색, 시기, 분노, 음욕, 탐욕 등이다. 누구나 게으름을 피울 수 있고 심하게 나태하지 않으면 죄악이라고 생각하지 않는데 기독교에서는 이렇게 매우 부정적인 죄악의 하나로 꼽으니 새겨들을 일이다.

재여는 지혜가 뛰어나고 언변에 능한 사람이었지만 인격 수양과 학업에는 무척 게을렀기 때문에 공자로부터 여러 번 질책을 받았다. 그가 얼마나 신경에 거슬렸으면 '썩은 나무'에 비유했을까? 썩은 나무는 불쏘시개 말고는 쓸 데가 없으니 별로 기대할 수 없는 사람으로 보았던 것이다.

그러나 공자는 재여를 아주 쓸모없는 사람으로 여기지는 않았던 모양이다. 《논어》에 재여를 은근히 칭찬하는 대목이 나온다. 〈선진편〉에 이런 글이 보인다.

> 제자들 중에 덕행이 뛰어난 사람으로 안연顔淵, 민자건閔子騫, 염백우冉伯牛, 중궁仲弓이 있었고, 언변이 뛰어난 사람으로는 재아宰我, 자공子貢이 있었으며, 정치에 뛰어난 사람으로는 염유冉有, 계로季路가 있었고, 문학에 뛰어난 사람으로는 자유子游, 자하子夏가 있었다.

후대사람들은 이들을 공문십철孔門十哲이라 부르는데, 그들 중에 언변이 뛰어난 사람으로 꼽은 재아宰我가 바로 스승에게 썩은 나무라고 꾸중을 들은 재여다. 그가 재생 불능의 썩은 나무는 아니었던 모양이다.

끝까지 물고 늘어지는 끈기와 결단

이런 말이 있다.

"세상의 모든 일 중에 끈기만큼 소중한 것이 없고, 그것을 대신할 만한 것은 더 더욱 없다. 재능은 안 된다. 세상에서 가장 흔한 스토리가 충분한 재능을 가지고 있으면서도 끝내 성공하지 못한 사람들의 이야기이다. 천재성도 안 된다. 꽃피우지 못하고 사라진 천재들이 얼마나 많은가? 교육만으로도 안 된다. 세상엔 충분히 교육을 받았으나 실패의 쓴 잔을 마신 사람들로 가득하다. 끈기, 그리고 결단력, 이것들이야말로 인생의 가장 귀한 보석이다."

한 사람의 성공은 재능이나 타고난 두뇌, 그리고 교육이 아니라 끝까지 물고 늘어지는 끈기와 그렇게 하겠다고 결단하는 마음에서 나온다는 얘기다. 공자는 얼마든지 더 발전할 수 있는 재여가 매사에 느려터진 태도와 공부시간에 꾸벅꾸벅 졸기 일쑤인 모습을 보고 안타까움을 표한 것이리라.

인생은 그것으로 충분하다

우리 주변에도 행동이 굼뜬 사람을 볼 수 있다. 예를 들어 여기 당장 마감해야 할 중요한 보고서가 있다. 담당직원이 동료들에게 내일 오전까지 작성을 끝내겠다고 호언장담해 놓고는 이틀날 정오까지 아직 시작하지도 않았다고 말한다. 너무 바빴다는 게 이유였다. 이런 사람을 보고 공자는 이런 말을 남겼다.

군자는 자신의 말이 행동보다 앞서는 것을 부끄러워한다.

우리가 알고 있는 대다수의 성공자들은 자신이 할 수 있는 일을 기어이 해낸 사람들이다. 그런데 실패자들은 자신이 할 수 있는 일을 하지 않고 온갖 핑계를 대며 할 수 없는 일만 넋 놓고 바라보고만 있다. 자신이 할 수 있는 정도의 일을 제때에 정확히 해내는 것, 인생은 그것으로 충분하고 그러면 성공이 자연히 따라오는 것이다.

재여의 말년은 불행했다. 뛰어난 언변 덕분에 제나라의 대부에 오르기도 했지만 정치적인 문제에 휘말려 정적들에게 살해되고 말았다. 재여가 말을 줄이고 끈기 있게 노력하는 사람이었다면 그의 말년은 어떻게 달라졌을까?

朽木不可雕也 후목불가조야

썩은 나무에는 그림을 새겨 넣을 수 없다는 말. 인격 수양과 학업에 너무 게으른 탓에 아무 짝에도 쓸모없는 사람을 꾸짖는 말이다.

12

인내忍耐

가다가 중지 곳 하면

冉求曰 非不說子之道 力不足也 子曰 力不足者
염구왈 비자설자지도 역부족야 자왈 역부족자

中道而廢 今女畫
중도이폐 금녀획
—〈옹야雍也〉

제자 염구가 공자에게 말했다.
"선생님이 말씀하시는 도를 좋아하지 않는 것은 아니지만, 제가 도를 실현하기에는 능력이 너무 부족합니다."
공자께서 말씀하셨다.
"진정으로 능력이 부족한 자는 중도에 그만두는 법인데, 지금 너는 스스로 한계를 긋고 그만두는구나."

가다가 중지 곳 하면 아니 감만 못하리라

조선시대 후기의 시조작가 김천택金天澤이라는 분을 기억하는가? 잘 모른다면, 조선시대 사대부들 사이에 노래로만 전해지고 기록으로는 남지 않았던 역대 시조들을 모아《청구영언靑丘永言》이라는 시가집을 편찬한 분이라면 기억이 날 것이다. 그 책에 이런 시가 있다.

잘 가노라 닫디 말며 못 가노라 쉬디 마라. 부디 긋디 말고 촌음을 앗겨스라. 가다가 중지 곳 하면 아니 감만 못하리라.

해석하자면, '잘 간다고 너무 뛰어 달리지 말고 잘못 간다고 포기하며 쉬지 마라. 아무쪼록 그치지 말고 계속하되 짧은 시간이라도 아끼어라. 시작했다가 중간에서 그만두면 처음부터 가지 않은 것만 못한 일이다'라는 뜻이다.

초등학교 시절 선생님이 이 시조를 낭송해 주었던 때를 기억한다. 그러면서 선생님은 이 시조에서 가장 중요한 문장은 '가다가 중지 곳 하면 아니 감만 못하리라'라는 마지막 구절이라고 말씀하시며 밑줄을 쫙쫙 그었다. 일단 시작했으면 어찌 되었든 끝을 보라는 얘기다.《시경》에 이런 말이 나온다.

> 처음부터 잘하는 사람은 별로 없지만 끝까지 잘하는 사람은 더욱 없다.

예나 지금이나 끝까지 잘하는 사람이 많지 않은 것은 마찬가지인가 보다. 그렇다는 것은, 끝까지 잘 해내겠다고 마음먹고 끈기 있게 매달리면 성공 확률이 높아진다는 뜻이다. 그래서 끝까지 버티는 자가 이긴다는 말이 나왔을 것이다.

이백의 어린 시절 이야기

당나라 때 시인으로 '시선詩仙'이라 칭송받는 이백李白은 현종 때 탁월한 실력을 바탕으로 출세길을 달리기 시작했지만 양귀비에 빠져 향락을 일삼는 임금에게 환멸을 느끼고 벼슬을 때려치우고 전국을 유람하는 떠돌이 생활로 평생을 보냈다.

이백은 타고난 천재였지만 처음부터 공부에 매달리는 아이는 아니었나 보다. 이백이 소년 시절에 부모님이 깊은 산중에 데려다 놓고 공부를 하게 했는데, 너무 첩첩산중이라 무섭기도 하고 무료해서 중도에 그만두고 집으로 돌아가려고 길을 나섰다.

소년 이백이 한참을 산에서 내려오는데, 한 노파가 졸졸 내려오는 골짜기 물가에서 바위에 땀을 뻘뻘 흘리며 도끼를 갈고 있었다. 이백이 궁금해서 뭐하는지 물었더니 노파가 뒤로 돌아보지 않고 이렇게 대답했다.

"이 도끼를 갈아 바늘을 만들기 위해 그런다."

도끼를 갈아 바늘을 만들다니, 어느 세월에 일을 끝낸단 말인가? 아마 백년이 가도 소용없는 짓일 것이다. 소년 이백이 머리를 갸웃거려도 노파는 아랑곳하지 않고 도끼를 가는 작업을 멈추지 않았다.

그러다 이백은 깨달았다. 노파의 끈기와 노력이라면 언젠가는 도끼가 바늘이 되는 날이 올 것이라는 사실을 말이다. 크게 감동을 받은 이백은 그 길로 다시 산으로 돌아가 학문에 매진했다고 한다.

우리는 자주 포기한다. 살면서 너무 힘든 일이면 중간에 포기할 수도 있다. 그러나 이만쯤에서 선을 그어 놓고 나는 더 이상 할 수 없다며 한계를 짓고 물러나는 것이 습관이 되면 걸핏하면 중도에 멈춰 버리는 사람이 된다. 영화배우 아놀드 슈워제네거는 이런 말을 남겼다.

"아무도 쳐다보지 않는다고 해서 스스로 사라지지 마라. 그들이 고개를 들어 나를 바라볼 때까지 기다려라. 퇴장만 하지 않으면 반드시 누군가 나를 기어이, 본다."

가다가 중지하지 않고 어쨌든 버텼더니 마침내 청중들이 자기를 알아보더라는 고백이다. 목표를 향해 달리다가 주저앉고 싶을 때면 이 말을 기억하자. 성공이 나를 돌아볼 때까지 기다려라. 멈추고 주저앉지만 않으면 언젠가는 나를 기어이 본다.

中道而廢 今女畫 중도이폐 금여획

일을 하다가 스스로 한계를 긋고 중도에 그만두는 사람을 꾸짖는 말이다. 얼마든지 해낼 수 있음에도 스스로 포기하는 사람들의 나약한 마음을 꾸짖는 말이다.

3장

한 삼태기의 흙

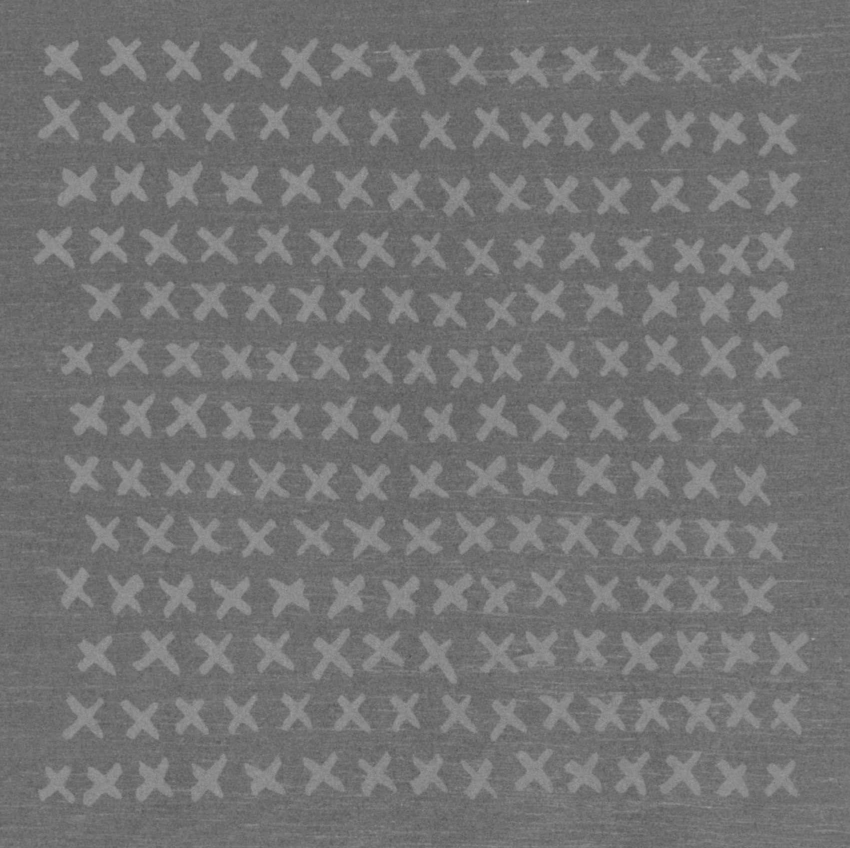

흙으로 산을 쌓는 일에 비유하자면 한 삼태기
흙이 모자랄 정도에서 쌓기를 그만둔다면,
그것은 내가 그만두는 것이다. 흙을 덮어 땅을
평평하게 하는 것에 비유하자면, 비록 이제 막 한
삼태기 흙을 덮었더라도 계속 나아간다면 나도
나아가는 것이다.

-〈자한子罕〉 중에서

13

검약儉約

실질과 허실

林放問 禮之本 子曰 大哉問 禮 與其奢也 寧儉
임방문 예지본 자왈 대재문 예 여기사야 영검

喪 與其易也 寧戚
상 여기역야 영척
—〈팔일 八佾〉

제자 임방이 예의 근본에 대해 묻자 공자께서 말씀하셨다. "예는 사치스러운 것보다 차라리 검소한 것이 낫고, 상례는 형식을 잘 갖추어 치르는 것보다 차라리 진심으로 슬퍼하는 것이 낫다."

✕

화려함에 현혹되어 실질을 분별하지 못하다

진나라 왕이 공주를 다른 나라 왕자에게 시집보낼 때, 금은보화를 가득 실은 마차에 여러 명의 시종을 딸려 보냈다. 진나라 왕은 이것도 모자라 온갖 보석 장식에다 아름답게 수놓은 옷을 입은 시녀 70여 명을 함께 보냈다. 강대국과 사돈을 맺으려는 정략결혼이니 만큼 지참금에 만전을 기해야 했다.

그런데 이게 웬일인가? 왕자는 금은보화나 공주는 거들떠보지도 않고 꽃같이 아름다운 시녀들만 가까이하는 게 아닌가? 이로써 진나라 왕은 공주를 좋은 곳에 시집보낸 게 아니라 시녀들을 좋은 곳에 시집보낸 꼴이 되었다.

이런 이야기도 있다. 초나라 상인이 예쁜 구슬을 팔기 위해 정나라에 갔다. 상인은 향기로운 나무에 물참새 털로 예쁘게 장식한 상자를 만들어 구슬을 그 안에 넣었다. 그런데 이게 웬일인가? 정나라의 부자는 상자만 살 뿐 구슬은 그냥 돌려주었다. 구슬은 어디서도 구할 수 있지만 상자는 하나밖에 없으니 이게 더 보물이라고 생각했던 것이다.

'매독환주買櫝還珠'라는 고사성어가 생긴 연유다. 보석을 담기 위해 만든 나무상자는 탐을 내고 그 안에 든 보석은 그냥 돌려준다는 뜻으로, 외양에 현혹되어 진짜 중요한 것은 잃어버린다는 말이다.

《맹자》에는 이런 얘기가 실려 있다. 송나라의 어느 농부가 밤늦게까지 모내기를 한 후 벼가 얼마나 자랐는지 궁금해서 이튿날 새벽같이 논에 나가 보았다. 그런데 아무리 눈을 비비며 둘러봐도 다른 논의 벼보다 덜 자란 것 같았다.

심통이 난 농부가 자기 논의 벼의 순을 살짝 잡아 빼보니 약간 더 자란 것 같았다. 농부는 하루 종일 이 일을 했고, 저녁 늦게 집에 돌아와 식구들에게 자랑삼아 이야기했다. 기겁을 한 가족들이 이튿날 일찍 논에 나가 보니 벼들이 하얗게 말라 죽어 있었다.

다이아몬드와 숯의 차이

위의 세 이야기는 내면의 충실보다 번드르르한 겉모습만 추구하는 인간의 어리석음을 꼬집고 있다. 오늘을 사는 우리들은 어떤가? 딸은 그 자신의 인간적 자산으로 남편을 만나야 하고, 구슬은 그것 자체의 가치로 팔아야 하는데 외양을 더 화려하게 꾸몄다가 낭패를 보았다. 이런 일은 오늘날에도 많이 보는 풍경이 아닌가?

나무를 태워서 만들어내는 숯이나 땅속 깊은 곳에서 캐내는 다이아몬드는 모두 탄소carbon 원자로 구성되어 있지만 탄소가 어떻게 결합하느냐에 따라 특성과 강도가 엄청나게 달라진다.

결합 방식의 차이는 단순하다. 다이아몬드는 탄소 원자들이 규칙적으로 배열되어 있어 무척 단단하지만 숯은 탄소 원자의 불규칙적인 배열로 인해 잘 부서진다. 결국 내면의 충실함과 부실함이 다이아몬드와 숯의 운명을 가른 것이다.

진나라 공주가 그냥 자기 땅에서 마땅한 혼처를 찾았다면 어떻게 되었을까? 구슬을 아름다운 상자가 아니라 보통의 상자에 넣었다면 제값을 받았을까? 송나라 농부가 벼의 순을 잡아끌지 말고 그냥 놔두었더라면 그해 가을에 풍년을 노래했을까?

공자는 제자들이 어느 나라의 관직에 오르기 전에 인사를 드리기 위해 찾아오면 제일 먼저 사치하지 말도록 당부하곤 했다. 이것은 공자가 평생을 지킨 신념으로 쓸데없는 외부 치장에 매달리는 어리석음을 우려하는 목소리였다.

고대 중국의 드넓은 대륙에는 곳곳에 무수히 많은 나라들이 있어 영토 확장을 위한 세력 다툼이 끊이지 않았다. 이웃 나라보다 대궐의 크기나 외부 치장을 더 잘해서 권위를 내세우려는 왕도 있었고, 금은보화로 치장한 시녀들을 무수히 거느리고서 자신의 부를 과시하는 왕도 많았다. 그러나 그들 대부분 사치와 방탕으로 인해 스스로 멸망을 자초하거나 강자의 침략에 무너지는 결과를 초래했다.

우리도 때로는 화려한 겉모습에 현혹되어 실질을 분별하지 못할 때가 많기에 이런 이야기들은 긴 여운으로 마음에 남는다. 숯 나름의 쓸모가 있고 가치가 있듯이 우리 모두 저마다의 내면을 충실하게 다지는 나날이 될 수 있도록 하자.

禮 與其奢也 寧儉 예 여기사야 영검

예를 갖추는 일은 사치스러운 것보다 차라리 검소한 것이 낫다는 말. 외면의 하려함에 현혹되어 겉으로 보이는 사치에 눈이 먼 사람들을 꾸짖는 말이다.

14

정직 正直

사람은 정직해야 한다

子曰 人之生也直 罔之生也 幸而免
자왈 인지생야직 망지생야 행이면
—〈옹야 雍也〉

공자께서 말씀하셨다.

"사람의 삶은 정직해야 한다. 정직하지 않은 삶은 요행히 화나 면할 뿐이다."

✕

왜 뻔한 잘못을 반복하는 것일까?

한 동네에 두 개의 빵집이 있었다. 한 집은 그 동네에서 20년째 운영해온 작은 가게였고, 다른 집은 최근에 개업한 곳으로 대단히 크고 화려했다. 그동안 이곳에서 혼자 독점해온 빵집은 갑자기 다른 가게가 들어서니 긴장하지 않을 수 없었다.

더구나 새 가게의 주인은 30대 중반의 청년으로 외국에서 제빵 공부를 했으며 이제까지 맛보지 못한 독특한 빵을 만든다는 소문이 돌았다. 큰일이었다. 선배 가게의 주인은 기껏해야 제빵학원에 다녔을 뿐으로 몇 년 동안 다른 가게에서 선배에게 빵 만드는 법을 배운 것밖에 없었다.

더구나 상대는 이쪽보다 빵 값이 15% 정도 저렴하다니 상황이 더욱 심각했다. 매출이 절반으로 떨어질 만큼 손님들의 발길이 끊어지고 반면에 그 가게는 매일같이 사람들로 북적였다. 어쩌면 좋단 말인가? 오랜 고민 끝에 내린 결론은 이것이었다.

"그간 해오던 대로 정직하게 빵을 만들자."

사실 이것 말고는 다른 대책이 없었다. 그는 더 세심하게, 더 정성을 다해 빵을 만들었다. 하지만 실적은 전혀 나아지지 않았다. 하지만 그는 그럼에도 꾸준히 찾아주는 손님들을 위해 신념을 굽히지 않았다.

그렇게 6개월쯤 지났을까? 이상한 소문이 들렸다. 경쟁하는 가게의 주인이 경찰에 붙들려갔다는 얘기였다. 유해색소 과다 사용과 저질 버터, 수입 밀로 빵을 만들었다는 것이다.

수입 밀은 발암물질이 들어 있어 인체에 몹시 유해하다. 과다 유해색소와 저질 버터가 몸에 해로운 것은 두 말할 필요도 없다. 그는 경쟁자를 이기기 위해 가격을 최대한 낮췄고, 그래서 최저가 재료를 쓸 수밖에 없었던 것이다.

그러다 얼마 안 있어 그 가게가 문을 닫았다는 소식이 들렸다. 그 가게 주인은 전에도 다른 동네에서 이런 식으로 빵을 만들다가 들통이 났었다고 한다.

어떤 사람들은 자신의 거짓말에 세상이 쉽게 속아 넘어갈 것이라고 믿는다. 한두 번 거짓말이 통하면 더 큰 거짓말을 한다. 아마 그 빵가게 주인은 전에는 작은 거짓말로 장사를 하다가 이제는 큰 거짓말쟁이가 되었을 것이다.

거짓말의 힘

위나라 혜왕이 조나라와 강화조약을 맺고 태자를 볼모로 보내게 되었다. 서로 침략을 하지 않겠다는 약속이므로, 만약 위나라가 침공을 하면 볼모로 잡혀간 태자는 즉시 목숨을 잃게 될 것이다. 이때 혜왕은 태자의 후견인으로 방총을 따라가게 했다. 그러자 방총이 혜왕에게 이렇게 아뢰었다.

“세 사람이 똑같은 말을 하면 없는 호랑이도 만들어내는 법입니다三人成虎. 저를 비방하는 소리가 들리더라도 절대 흔들리지 말아 주십시오.”

혜왕은 힘차게 고개를 끄덕였지만, 불행하게도 이 약속은 지켜지지 않았다. 방총이 태자의 후견인으로 가면 장차 태자가 고국으로 돌아와 왕이 될 때 가장 강력한 실력자가 된다. 그러니 방총이 이런 위치가 되지 못하도록 온갖 비방과 모략이 뒤따를 것이다.

방총의 예상은 적중했다. 몇 년 후 태자는 귀국했지만 방총은 돌아오지 못했다. 그에 대한 악소문과 비방이 온 세상을 덮었기 때문이다. 방총은 이국의 하늘에서 고독한 여생을 보내다 쓸쓸히 죽고 말았다.

공자는 정직한 사람을 첫 번째 벗으로 꼽았다. 그렇다는 것은 정직하지 않은 사람은 누구보다 먼저 친구로 삼을 수 없다는 뜻이다. 그런 사람을 친구로 삼았다가는 화를 당할 수 있으니 조심하라는 뜻이기도 하다.

거짓의 힘이 한때는 강할지 몰라도 영원할 수는 없다. 역사가 방충을 기억하는 이유는 그가 거짓에 희생된 사람이기 때문이다. 후배 빵집이 망한 이유도 같은 이치다.

당신은 정직한 사람인가? 정직한 사람을 가까이하고 있는가? 정직하지 않은 삶은 요행히 화나 면하는 게 아니라 영원히 망할지 모르니 유념할 일이다.

罔之生也 幸而免 망지생야 행이면

거짓된 삶은 요행히 화나 면하고 살 뿐이라는 말로, 진실하지 못한 세상 인심을 꼬집고 있다. 그런 삶은 끝내 하늘의 분노를 사게 되어 망하게 된다는 걸 말하고 있다.

15

열의熱意

끈질기게 궁구하라

子曰 不憤不啓 不悱不發 擧一隅 不以三隅反 則不復也
자왈 불분불계 불비불발 거일우 불이삼우반 즉불부야
—〈술이述而〉

공자께서 말씀하셨다.
"배우려는 열의가 없으면 깨우쳐 주지 않고, 표현하려고 애를 쓰지 않으면 일깨워 주지 않으며, 한 모퉁이를 들어 설명해 주었을 때 나머지 세 모퉁이를 미루어 알지 못하면 다시 가르쳐 주지 않는다."

×

눈을 감고도 칼질을 하는 백정 이야기

회사에 갓 입사한 사람은 업무가 익숙지 않아 한 동안 어리벙벙한 시간을 보내야 한다. 그러다 점점 일손이 잡히고 업무 방식에 능숙해지면 누가 가르쳐 주지 않아도 자기가 알아서 척척 일하게 된다.

어떤 일을 오랫동안 반복해서 수련하여 능숙하게 잘하는 사람을 숙련공이라 부른다. 일반회사에도 한 번 말을 하면 관련 지식을 좌르르 말해 주고 업무의 방향성을 일타강사처럼 가르쳐 주는 사람이 있다. 우리는 이들을 전문가라 부른다. 대체 이런 수준에 오르려면 어느 정도가 되어야 할까?

《장자》에 이런 이야기가 실려 있다. 위나라에 포정庖丁이라는 백정이 있었다. 어느 날 그가 왕이 보는 앞에서 소를 잡는데 순식간에 완벽하게 뼈와 고기를 분리해내어 왕을 놀라게 했다. 포정이 감탄하는 왕에게 말했다.

“제가 처음 이 일을 시작했을 때는 소를 보면 겉모습만 보였는데 3년이 지나자 뼈와 근육이 보였고, 19년이 된 지금은 눈을 감고도 칼질을 할 수 있어 칼날이 뼈와 부딪치지 않고도 가죽과 고기를 도려낼 수 있게 되었습니다."

뼈와 근육이 보이는 3년 정도가 기초반을 마친 상태이고 19년이 되자 프로가 되었다는 뜻이다. 오늘날도 별반 다르지 않다. 최소 3년은 지나봐야 업무 파악을 끝냈다고 말할 수 있고 20년 가까이 지나야 전문가 소리를 듣는다.

그래서 공자는 말한다. 알려고 마음속으로 분투하고 입으로 표현하려고 애를 써야 하며 한 모퉁이를 돌아 설명해 주면 나머지 세 모퉁이도 미루어 알아야 한다고 말이다. 신입사원이든 학생이든 이런 자세가 없으면 가르쳐줄 필요도 없다고 공자는 냉정하게 말한다.

공자가 살았던 고대 중국은 무척이나 살벌한 약육강식의 세계였다. 드넓은 중국 대륙에 너무도 많은 나라들이 출몰해서 춘추전국시대를 통틀어 왕이 살해된 것이 36회, 나라가 망한 것이 52회나 될 만큼 약육강식의 전쟁을 벌였다.

오늘을 사는 사람들도 그때와 다를 바 없다. 총칼 없는 전쟁터에서 어떻게든 실력으로 살아내야 한다. 그러기 위해서는 자기 직업에 최고 전문가가 되어야 한다. 그렇지 않으면 얼치기 아마추어로 살다가 낙오자의 길을 가야 한다.

한 권의 책을 백 번 이상 읽는 노력

위나라의 동우董遇는 몹시 궁핍한 집안에서 태어났지만 어려서부터 잠시도 손에서 책을 놓는 일 없이 열심히 공부하여 나중에는 임금의 글공부 상대가 되는 등 학자로 명성을 떨쳤다. 그는 글을 배우겠다고 찾아오는 사람들에게 이렇게 말하며 거절했다.

"내게 배우기보다 혼자 읽고, 또 읽어 보게. 어떤 글이라도 백 번 읽으면 뜻이 저절로 드러난다네."

'독서백편의자견讀書百遍義自見'이란 말이 여기서 나왔다. 알려고 마음속으로 분투하여 백 번 이상 책을 보는 끈질긴 자세가 아니면 아무리 가르쳐 줘도 소용없는 일이다. 어떤 경영자가 이런 말을 했다.

"요즘 젊은이들은 공부를 하지 않는다. 인터넷을 뒤적거려 알아낸 것만으로 전부 알았다고 생각한다."

인터넷은 백과사전보다 더 친절하게 관련 지식을 알려 주지만 그렇게 얻은 지식은 웬일인지 쉽게 잊어버리게 된다. 한 권의 책을 백 번 읽는 노력이 아니라 클릭 한 번으로 얻어낸 공짜의 한계가 아닐까?

많은 학자들이 인터넷의 폐해를 지적하고 있듯이 인터넷에서 얻은 지식을 자신의 것인 양 행세하는 사람들이 너무 많은 오늘이다. 심지어 초등학교 학생들조차 인터넷을 찾아서 숙제를 하고, 외국의 인터넷 전문 사이트를 뒤적거린 후에 짜깁기로 작성한 논문을 제출한 교수도 있었다. 이렇게 하면 백 번은커녕 한두 번 읽은 것으로 자신의 지식이 되는 것이니 절대 오래 갈 리가 없다.

공자의 말은 결국 끈질기게 궁구窮究하라는 것이다. 깊이 파고들어 연구하다 보면 언젠가는 끝이 보인다. 제자가 그럴 각오로 공부해야 더 가르쳐 주겠다는 공자의 말은 결코 불친절한 언사가 아니다.

不憤不啓 不悱不發 불분불계 불비불발

배우려는 열의가 없으면 깨우쳐 주지 않고 표현하려고 애쓰지 않으면 일깨워 주지 않는다는 말. 제자들이 더 가열차게 공부에 노력하기를 바라는 마음이 녹아 있다.

16

경청 傾聽

공자를 가르친 여인

子曰 三人行 必有我師焉 擇其善者而從之 其不善者而改之
자왈 삼인행 필유아사언 택기선자이종지 기불선자이개지
–〈술이 述而〉

공자께서 말씀하셨다.
“세 사람이 길을 가면 그중에 반드시 나의 스승이 될 만한 사람이 있다. 좋은 점은 가려서 따르고, 나쁜 점은 본보기로 삼아 고쳐야 한다.”

꿀단지를 앞에 놓고 생각해 보세요

공자가 어느 나라를 지날 때, 평소 공자를 존경해 온 노인이 진귀한 구슬을 선물했다. 한가운데 작은 구멍이 뚫려 있어 목에 걸 수 있는 옥구슬이었다. 그런데 제자가 실을 가져와서 구멍에 꿰려고 했는데 아무리 애를 써도 꿸 수가 없었다. 구멍이 구슬 한가운데에서 굽이굽이 구부러져 있었던 것이다.

어쩔 수 없어서 한동안 주머니에 넣고 다녔는데 잃어버릴까 몹시 걱정이었다. 어느 날 뽕밭에서 일하는 여인을 발견하고는 혹시 방법을 아는지 묻자 여인이 대수롭지 않게 대꾸했다.

"꿀단지를 놓고 찬찬히 생각해 보세요."

여인의 말을 곰곰이 생각하던 공자는 무릎을 탁 쳤다. 공자는 개미 한 마리를 붙잡아 허리에 실을 묶고는 구슬의 반대쪽 구멍에 꿀을 발랐다. 잠시 뒤 꿀을 따라서 구멍을 통과한 개미가 기어 나왔다. 시골의 무지몽매한 아낙네가 공자에게 한 수 가르쳐준 것이다.

공자가 시골 아낙네에게 가르침을 받다니, 동행하던 제자들은 재미있다는 듯이 웃어댔다. 세 사람이 길을 가면 그중에 반드시 나의 스승이 될 만한 사람이 있다는 말을 공자 스스로 입증한 셈이니 말이다.

여섯 살 아이에게 설명하지 못하면

아인슈타인은 역사상 최고의 이론물리학자이기도 하지만 저명한 교육자이기도 했다. 아인슈타인은 복장이나 헤어스타일에는 도통 관심이 없어 지저분한 옷차림에 심지어 강의 자료도 제대로 만들지 않고 자신의 생각이 담긴 메모쪽지를 들고와서 즉흥적으로 수업했다고 한다.

그럼에도 아인슈타인의 이론물리학 강의는 초등학생도 알아들을 정도로 쉬워서 뭔가 대단한 학문적 깊이를 생각하고 처음 강의실에 들어온 학생들은 '이게 뭐지?' 하는 느낌을 갖게 된다고 한다. 그가 남긴 명언 중에 이런 말이 있다.

"여섯 살짜리 아이에게 설명할 수 없다면 당신은 그 개념을 이해하지 못한 것이다."

경제 전문가들이 TV에 나와 작금의 어려운 경제 상황에 대해 대담할 때 서로 경쟁이라도 하듯이 난해한 전문용어를 남발하며 웬만한 시청자들은 도무지 이해할 수 없는 말을 늘어놓는 경우를 자주 본다.

여섯 살짜리도 알아들을 수 있는 말로 하면 안 되는 것일까? 경제도 어려운데 TV 시청마저 어렵게 만든다면 그것은 전문가 탓일까, 방송국 탓일까? 스승은 아무나 될 수 없다는 생각이 저절로 든다.

외국 출장 때 현장 직원을 대동하는 회장님

어느 대기업 건설회사 경영자는 해외출장을 갈 때 반드시 현장에서 직접 업무를 담당하는 직원 한두 명을 동행한다고 한다. 건설 전문가나 대학교수, 간부들의 이야기는 따로 듣더라도 현장에서 일하는 직원이 더 현실적인 문제점을 파악할 수 있다는 게 이유였다. 어렵게 설명하는 상대의 심중을 꿰뚫는 능력은 현장에서 일하는 사람들이 더 뛰어나다는 사장의 말이 그래서 이해되었다.

장기간에 걸쳐 기업을 일군 사람이나 군인, 교육자 같이 전문 직업에 종사하는 사람들은 대부분 자기의 세계에 갇혀서 오직 자기 생각에만 매몰돼 있는 경우가 흔하다.

"내 말이 맞는다니까! 내가 그렇다면 다른 말 말고 다들 그런 줄 알아!"

이런 사람은 세 사람이 아니라 30명이 함께 가도 남의 말을 듣지 않고 자기 고집만 부리니 배가 산으로 가도 모를 일이다. 더구나 경영자의 입에서 이런 말이 나오기 시작하면 그 회사의 미래는 보나마나다. 그럼에도 우리 사회 곳곳에는 자기 생각을 성경말씀처럼 설파하며 믿으라는 꼰대들이 아주 많다.

결국 물음과 경청으로 귀결된다. 누구에게든지 묻고, 누구의 말이라도 듣는다면 언제든 어려운 문제를 풀어나갈 수 있다. 당신은 그렇게 살고 있는가?

三人行 必有我師焉 삼인행 필유아사언

세 사람이 길을 가면 반드시 나의 스승이 될 만한 사람이 있다는 말. 누구라도 나에게 가르침을 줄 수 있으니 항상 겸허한 자세로 타인의 말에 귀를 기울이라는 뜻이다.

17

신뢰信賴

공짜 점심은 없다

子曰 狂而不直 侗而不愿 悾悾而不信 吾不知之矣
자왈 광이부직 동이불원 공공이불신 오부지지의
—〈태백泰伯〉

공자께서 말씀하셨다.
"뜻은 크지만 정직하지 못하고, 무지하면서도 성실하지 못하며, 무능하면서 미덥지 못한 사람에 대해서는 나는 알 바 아니다."

×

정직하지 못하고 실력도 없다

회사 사장들은 가장 장래성이 없는 직원으로 '정직하지 못한 사람, 실력 없는 사람, 불성실한 사람, 믿음성이 없는 사람'이라고 말들 한다. 그 정도라면 아예 사회생활을 못할 정도로 형편없는데 경영자들은 의외로 그런 젊은이들이 많다며 혀를 찬다.

정직하지 못하고 실력이 없는데도 성실하지 못하며 무능한데 신뢰성도 없다면 정말이지 큰일이다. 회사는 이런 사람에게 월급을 주는 게 정말 싫을 것이다. 이런 말이 있다.

"경영자는 직원이 받는 월급의 절반밖에 일하지 않는다고 불평하고, 직원은 자기가 받아야 할 월급의 절반만 받고 일한다고 불평한다."

사장과 마찬가지로 직원들 또한 자기가 일하는 만큼의 급여를 제대로 받지 못한다고 생각한다는 뜻이다. 이런 태도는 일견 이해되는 측면도 있지만, 공자가 지적한 부류의 사람이 이런저런 불평만 늘어놓는다면 말이 안 된다.

공자는 이런 사람에 대해서는 아예 '나도 모르겠다!'고 포기 선언을 하고 있다. 공자가 그랬듯이 사장들도 그런 사람은 공짜로 월급을 받아가려는 도둑들이라며 공짜 근성을 버리라고 꾸짖는다.

점심식사가 공짜 레스토랑

서부개척시대에 한 마을의 레스토랑이 술을 일정 수준 마시면 점심식사를 공짜로 제공하겠다고 광고해서 큰돈을 벌었다. 사람들은 '공짜 점심'이라는 말에 현혹되어 앞 다퉈 가게를 찾았던 것이다.

그러다 사람들은 술값에 점심식사 값이 포함되어 있다는 사실을 알게 되었다. 공짜 점심은 없었다. 전부 '내돈내산'이었는데 공짜라는 말에 눈이 멀었던 것이다. 그럼에도 불구하고 사람들의 공짜 심리를 이용한 이 마케팅 수법은 이후 전 세계 모든 기업의 단골 메뉴가 되었다.

공짜를 싫어할 사람은 없다. 그러나 정당하게 일하고 당당하게 돈을 받아내는 것과 대충 일하고 더 많은 돈을 받으려는 태도는 큰 차이가 있다. 불성실하고 신뢰성 없는 사람은 그렇다고 치고, 무능하다는 말을 자주 듣는 사람도 쓸모가 아주 없는 것은 아니다.《순자》〈권학편〉에 이런 말이 나온다.

> 아무리 둔한 말이라도 천리마가 하루 동안 달리는 길을 열흘이면 갈 수 있다.

이를 '노마십가駑馬十駕'라 하는데 아무리 재주가 없는 사람도 조금 더디더라도 열심히 노력하면 재주 있는 사람을 따라잡을 수 있다는 뜻이다. 무지하면서도 느려터진 사람들을 위한 응원가처럼 들린다.

모든 사장은 정직하면서 실력 있고, 성실하면서 능력이 뛰어나며 매사에 믿음이 가는 사람을 원한다지만 이제는 생각을 바꿔야 한다. 직원에게 공짜 점심을 바란다고 타박할 게 아니라 자신의 위치는 생각하지 않고 무조건 최고 인재를 바라는 심리부터 버려야 한다. 그러기 전에 이런 이야기가 참고가 될 것이다.

한나라 무제가 훌륭한 인재를 구할 방법을 묻자 재상 동중서董仲舒가 말했다.

"지금 우리나라는 썩은 나무와 똥으로 뒤덮인 담장과 같아서 아무리 선정을 베풀어도 도리가 없는 형국입니다. 거문고를 연주할 때 소리가 제대로 나지 않으면 줄을 풀어서 고쳐 매야 하듯이 옛것을 새롭게 바꾸고 개혁해야만 나라가 제대로 다스려질 수 있습니다. 줄을 바꿔야 하는데도 바꾸지 않으면 아무리 유능한 연주자라도 훌륭한 소리를 낼 수 없듯이 개혁을 해야 함에도 실행하지 않는다면 절대 잘 다스릴 수 없게 됩니다."

사람보다 조직의 시스템을 바꾸는 혁신이 필요하다는 일갈이다. 이를 '개현경장改弦更張'이라고 한다. 최고 인재를 바라기 전에 그럴 만한 조직부터 만들고, 그런 인재를 담을 그릇부터 준비하라는 말이다. 사장도 사원도 거문고 줄을 바꾸듯이 일하는 마음을 고쳐먹을 때다. 이것이 먼저이고, 신뢰는 그 다음의 문제다.

狂而不直 侗而不愿광이부직 동이불원

뜻은 크지만 정직하지 못하고 무지하면서 성실하지 못한 사람들 질타하면서, 그런 제자들은 아예 무시해 버리겠다는 단호한 의지를 내비치고 있다.

18

포용包容

한 삼태기의 흙

子曰 譬如爲山 未成一簣 止 吾止也 譬如平地
자왈 비여위산 미성일궤 지 오지야 비여평지

雖覆一簣 進 吾往也
수복일궤 진 오왕야
—〈자한 子罕〉

공자께서 말씀하셨다.
"흙으로 산을 쌓는 일에 비유하자면 한 삼태기 흙이 모자랄 정도에서 쌓기를 그만둔다면, 그것은 내가 그만두는 것이다. 흙을 덮어 땅을 평평하게 하는 것에 비유하자면, 비록 이제 막 한 삼태기 흙을 덮었더라도 계속 나아간다면 나도 나아가는 것이다."

✖

개미구멍 때문에 둑이 무너지다

《서경》에 이런 이야기가 있다. 주나라 무왕의 동생인 소공이 왕과 신하들이 나라를 세운 후에 혹시 방심해서 정치를 등한히 할까 염려해 이렇게 조언했다.

> 아홉 길의 산을 만드는 데 있어 모든 일이 한 삼태기로 무너질까 두렵습니다.

아홉 길의 산을 만드는데 마지막 한 삼태기의 흙을 빼내어 공든 탑이 무너진다면 어떻게 될까? 한 삼태기 때문에 산이 무너질 리야 없겠지만 정치의 세계에서는 그럴 위험성이 언제나 있으니 한눈팔지 말고 정치에 임하라는 충고의 말이다.

옛사람들은 '제궤의혈堤潰蟻穴'이라는 말로 방심으로 인한 위험성을 깨닫곤 했다. 제 아무리 큰 둑도 개미구멍으로 인해 무너진다는 뜻이다. 역사에는 이렇게 '한 삼태기 흙'의 중요성을 강조하는 일화들이 아주 많다.

대표적인 사례가 진나라 때의 정치책략가로 유명한 이사李斯라는 사람이다. 법가의 원조 격인 한비자와 동문수학한 친구였지만 그의 재능을 질투한 나머지 온갖 중상모략을 다해서 끝내 죽음에 이르게 한 바로 그 사람이다.

그는 초나라 사람으로 임금의 눈에 들어 객경客卿이라는 높은 자리에 오른 인물이었다. 그 무렵 진나라에는 타국에서 건너온 사람들이 관리직을 차지하거나 명문대가의 가신이 되는 등 정치적으로 활약이 대단했다. 그만큼 진나라가 외부에 문을 활짝 열어놓고 능력 있는 자라면 누구든 받아들였다는 뜻이다.

태산은 한 줌의 흙도 사양하지 않았으므로

그러자 부작용이 일어났다. 타국 출신 관리들이 작은 세력을 믿고 설쳐대는 통에 온갖 사건사고가 끊이지 않았다. 이런 상황을 진나라 출신 신하들이 곱게 볼 리가 없었다. 그들 사이에 이들을 축출하자는 의견이 터져 나왔다. 가뜩이나 부족한 일자리에 엉뚱한 자들이 설치니 눈엣가시였던 것이다.

문제는 초나라 출신인 이사도 여기에 포함된다는 사실이었다. 어떻게 달려온 출세 길인가. 친구마저 죽이며 올라온 자리에서 엉뚱한 문제로 쫓겨나갈 수는 없기에 임금에게 상소를 올렸다.

> 태산은 한 줌의 흙도 사양하지 않았으므로 그렇게 높을 수 있으며, 하해는 작은 물줄기라도 가리지 않았으므로 그 깊음에 이른 것입니다.

진나라가 아무 제한 없이 타국 출신 인재들을 품어야 더 큰 대국이 될 수 있다는 뜻을 담은 상소문을 읽고 현실을 깨달은 왕은 예전처럼 누구라도 진나라에서 살도록 결정했다. 인재가 귀한 시대에 간신히 키워놓은 재목을 타국에 빼앗길 수는 없다고 판단한 것이다.

'한 삼태기의 흙'에서 '한 줌의 흙'으로 바뀌었을 뿐 마지막 한 방울 땀방울의 중요성을 말하는 것은 똑같다. 이사는 후에 진시황을 도와 진나라의 법치주의 기반을 확립하는데 큰 공을 세웠다.

한 삼태기의 흙은 사람에게도 통하는 얘기다. 한 줌의 흙이라도 조금씩 모으고 한 뼘의 탑이라도 쌓아 나가는 가운데 성공을 하든 부자가 되든 무엇이든 된다.

그러나 우리 주변엔 마지막 한 삼태기를 보태지 못하고 제자리에 주저앉는 사람들이 너무도 많다. 법률가가 되려고 공부하다가 너무 힘들어서 그만두고, 군인이 되려고 사관학교에 들어갔지만 너무 힘들어서 그만두고, 창업을 해서 열심히 일하다 힘들어서 포기한다.

성공을 바란다면 다만 한 줌의 흙을 더한다는 생각으로 마지막까지 최선을 다하자. 한 줌의 흙, 한 삼태기의 흙, 꿈을 완성하는 마지막 선택은 의외로 작은 하나에 있음을 잊지 말아야 한다.

譬如爲山 未成一簣 止 비여위산 미성일궤 지

흙으로 산을 쌓다가 마지막 한 삼태기에서 그만두는 것을 말한다. 온 정성을 다해 노력하던 일을 마지막 순간에 그만두는 것을 안타까워하고 있다.

4장

엎어진 앞 수레의 바퀴자국

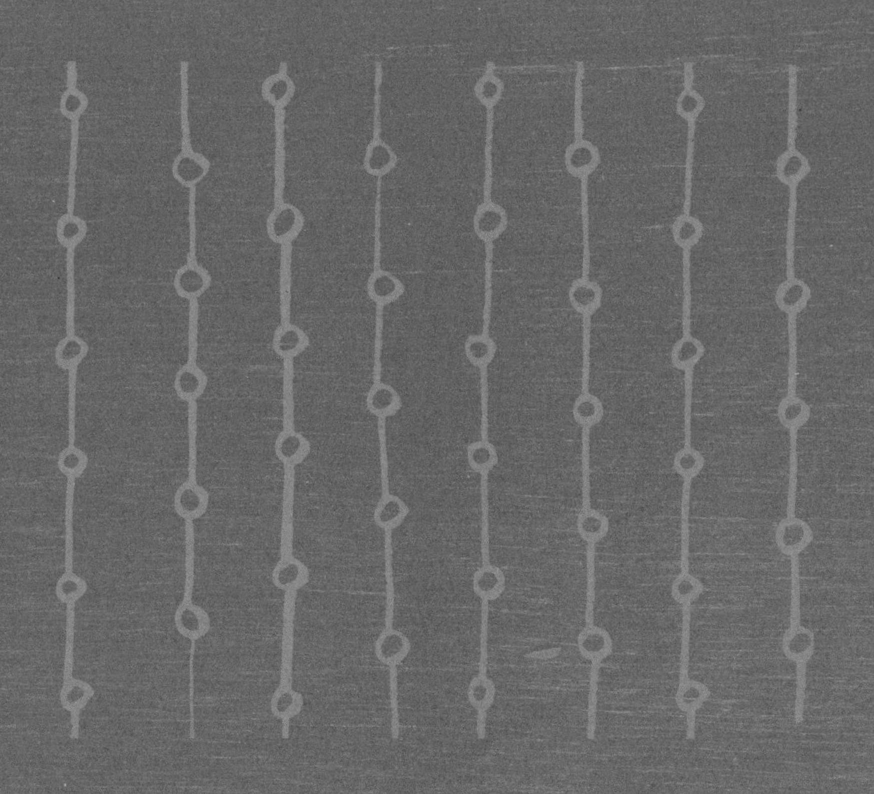

군자에게는 세 가지 경계해야 할 것이 있다. 젊을 때는 혈기가 아직 안정되지 않았으니 여색을 경계하고, 장성했을 때는 혈기가 왕성하니 싸우는 일을 경계해야 하고, 늙어서는 혈기가 이미 쇠약해졌으므로 탐욕을 경계해야 한다.

-〈계씨季氏〉 중에서

19

지조志操

세한도를 보며

子曰 歲寒然後 知松栢之後彫也
자왈 세한연후 지송백지후조야
—〈자한子罕〉

공자께서 말씀하셨다.
"날씨가 추워진 뒤에야 소나무와 잣나무가 다른 나무들에 비해 늦게 시드는 것을 알 수 있다."

추사 김정희의 그림 한 점

〈세한도歲寒圖〉는 뛰어난 글씨와 문장으로 조선 후기를 풍미했던 추사 김정희의 작품으로 국보 180호의 문화재이다.

잘 나가던 추사가 정쟁에 휘말려 제주도로 귀양을 갔을 때 제자인 역관 이상적이 북경에서 귀한 서책을 구해서 두 차례나 보내 주었다. 이에 추사가 답례로 이 그림을 그려 준 것으로 알려져 있다. 이상적의 변함없는 의리를 날씨가 추워진 뒤에도 여전히 푸르름을 잃지 않는 상록수의 지조에 빗대어 그린 것이다.

이 그림의 한쪽에 추사의 발문이 붙어 있고, 이어서 이 그림을 받고 감격한 이상적의 글이 적혀 있다. 그리고 이상적은 나중에 북경에 갈 때 이 그림을 가지고 가서 그곳의 유명인사들에게 보여 주고 찬시를 받았고, 이를 세한도와 이어붙여 긴 두루마리를 이루고 있다. 바로 그 문장 속에 '세한연후 지송백지후조야歲寒然後 知松栢之後彫也'라는 글이 보인다. 겨울이 되어야 소나무와 잣나무의 푸른 기상을 알 수 있듯이 지조가 굳은 사람은 곤경에 처했을 때 비로소 보통사람과 구별된다는 뜻이다.

추사가 제주도로 유배를 떠난 것은 1840년으로 그의 나이 56세 때였다. 그 뒤 8년 동안 제주도에 머물다가 석방되었으나 3년 뒤인 1851년에 다시 당파싸움에 연루되어 함경도로 유배되고, 5년 후인 1856년에 사망했다. 그의 나이 70세로, 추사는 세한도만큼이나 외롭고 스산한 말년을 보냈다.

하도 많이 글씨를 쓰는 바람에 10개의 벼루를 뚫어버리고 1,000자루의 붓이 망가졌다는 추사 김정희가 중년을 넘어 노년으로 줄달음치는 시간을 사람의 발길이 닿지 않는 유배지에서 보낼 때는 세상의 눈이 두려워 발길을 끊는 사람이 대부분이었다. 그가 얼마나 외롭고 괴로운 세월을 보냈을지 짐작이 간다.

그럼에도 추사는 조선 후기를 살았던 수많은 인물 중에 후세사람들로부터 가장 존경받는 분으로 칭송을 받고 있다. 김정희를 모르고 세한도를 몰라도 추사체를 모르는 사람이 없을 정도이니 말이다.

홀로 추위를 견디는 사람을 위한 장갑 하나, 난로 하나

우리 주변엔 누군가 아픔과 혼란을 겪을 때 추워진 뒤에도 소나무와 잣나무가 쉽게 시들지 않는 것처럼 조용히 곁을 지켜 주는 사람이 있다. 그런 사람이 진짜 벗이다. 고단한 세월을 보낼 때에야 벗의 진면목을 알 수 있다는 말이 괜히 생긴 게 아니다. 추사가 〈세한도〉를 그린 마음이 그렇지 않았을까?

공자도 마찬가지였다. 자신의 정치철학을 현실 정치에 접목하겠다는 뜻을 이루지 못하자 무려 14년 동안 제자들과 온갖 고초를 겪으며 여러 나라를 떠돌아다녔다. 이따금 그의 명성을 알고 친절히 대하는 왕도 있었지만 대부분 냉대와 외면뿐이었다.

《논어》에는 공자가 세상의 부름을 받지 못하고 낙담하는 글들이 여럿 보인다. 외로움과 허탈감 때문에 지친 발걸음이 더 무거웠을 것이다. 그러나 공자는 학문의 완성과 제자들의 교육을 위해 한 그루 상록수처럼 꿋꿋하게 자신의 길을 갔다.

이렇게 혹독한 추위를 홀로 견디고 있는 사람에게 장갑 하나, 난로 하나 건네 주기는 쉬운 일이 아니다. 대부분 저만큼 거리두기를 하고 지켜보거나 냉정하게 고개를 돌리는 경우가 태반이다. 그런 의미에서 이렇게도 말할 수 있다.

"한 사람의 인생은 삶의 날씨가 추워진 후에야 비로소 그가 다른 이들과 어떻게 다른지 알 수 있다."

추사 김정희는 나중에 문하에 3천 명의 선비가 따를 정도로 그의 서예와 학문적 성취를 배우려는 사람들이 많았다고 한다. 유배지의 삶과 바꾼 귀한 인적 자원이다.

나는 가만히 세한도를 들여다보며 그런 생각을 한다. 내가 만약 살면서 곤경에 빠지거나 좌절의 바다에 빠져 허덕일 때 손을 내밀어 줄 사람이 얼마나 될까? 소나무나 잣나무처럼 원래 있던 그 자리에 서서 희망의 끈을 건네줄 사람이 있는가?

스스로에게 이런 질문을 던지다 보면 당신은 알게 될 것이다. 혼자만 잘 살아갈 수 있는 사람은 없다는 것을. 그리고 당신은 다짐할 것이다. 다른 사람들에게 더 많이 마음을 내어주며 살아야겠다고.

歲寒然後 知松栢之後彫也 세한연후 지송백지후조야

날씨가 추워진 뒤에야 소나무와 잣나무가 다른 나무들에 비해 늦게 시드는 것을 알 수 있다는 말. 세월이 흐르고 세상인심이 변했어도 변함없는 의리와 지조를 뜻한다.

20

경계警戒

참아내는 자의 승리

子曰 君子有三戒 少之時 血氣未定 戒之在色 及其壯也
자왈 군자유삼계 소지시 혈기미정 계지재색 급기장야

血氣方剛 戒之在鬪 及其老也 血氣旣衰 戒之在得
혈기방강 계지재투 급기노야 혈기기쇠 계지재득
–〈계씨 季氏〉

공자께서 말씀하셨다.
"군자에게는 세 가지 경계해야 할 것이 있다. 젊을 때는 혈기가 아직 안정되지 않았으니 여색을 경계하고, 장성했을 때는 혈기가 왕성하니 싸우는 일을 경계해야 하고, 늙어서는 혈기가 이미 쇠약해졌으므로 탐욕을 경계해야 한다."

가랑이 아래로 기어간 한신

한신韓信은 한나라의 개국공신으로 소하蕭何, 장량張良과 함께 한초삼걸漢初三傑이라 불리는 최고의 영웅이다. 한나라 군대의 대장군으로 활동한 그는 위나라 항우와 맞서 매번 결정적인 승리를 거둠으로써 유방이 대륙의 주인이 되는데 큰 공을 세웠다.

한신은 평민 출신으로 어려서는 가난하고 품행이 좋지 못해 관리로 천거되지 못하고 항상 남의 집에 붙어먹어 사람들이 싫어했다고 한다. 그럼에도 그는 육중한 체격에 항상 칼을 차고 다녀 사람들의 비웃음을 샀다. 하루는 무뢰배 청년들이 한신 앞에 들이닥치더니 이렇게 소리쳤다.

"죽을 각오가 있으면 그 칼로 나를 찔러라. 못하겠다면 내 가랑이 밑으로 기어라!"

한신은 그들을 쓱 한번 훑어보고는 아무 말 없이 가랑이 사이를 기어나갔다. 이 사건으로 한신은 시장 사람들은 물론이고 전국적인 웃음거리가 되었다. 이 일을 '과하지욕袴下之辱'이라 한다. 가랑이 사이를 기어서 지나가는 모욕이라는 뜻이다. 한신은 왜 그런 모욕을 감수했을까?

한신은 장차 나라에 귀하게 쓰일 몸이니 그런 조무래기들하고 함부로 싸울 일이 아니라고 생각했다. 장성했을 때는 혈기가 왕성하니 싸우는 일을 경계해야 한다는 말씀을 새겨들었을지 모른다.

마침내 한나라 대장군이 되다

그 뒤 한신은 위나라 항우의 군대에 들어가 장수로서의 입신양명을 꿈꿨지만 그들이 한신에게 시킨 일은 창고지기가 고작이었다. 덩치만 크고 겁쟁이로 소문난 그를 전쟁터에 내보낼 수 없었던 것이다.

항우 밑에서 근근이 버티던 한신을 유방의 군대에 발탁한 사람은 소하였다. 유방의 부대에서 군수물자를 비롯한 후방 지원 조직을 이끌고 있던 소하는 그를 유방에게 데리고 갔고, 망설이는 유방을 설득해서 당장 군대의 선봉에 서게 했다. 그 날부터 한신은 전선을 누비며 초나라 군대를 짓밟아 버렸다.

이제 곤란한 사람은 항우였다. 자기 휘하에 있던 인재를 알아보지 못한 것도 억울한데 싸우기만 하면 연전연패하니 문제가 심각했다. 어느 날 항우는 한신에게 은밀히 사람을 보내 이런 제안을 했다.

"당신은 유방의 휘하에서 그의 부하로 있기에는 너무 아까운 인재이니 이제 독립해서 당신과 유방, 그리고 항우가 천하를 삼분하면 어떻겠소?"

만약 이때 한신이 항우의 제안을 받아들였다면 어땠을까? 그렇게 했더라면 적어도 유방의 배신에 피를 토하며 토사구팽을 당하지는 않았을 것이다. 그러나 이 제안에 한신은 이렇게 대답했다.

"한왕漢王-유방은 내게 옷을 벗어 입혀주고 밥을 나눠 주었으며, 내 생각을 기꺼이 받아 주었기에 내가 여기까지 올 수 있었소. 나를 그토록 신뢰하는데 어찌 배신할 수 있겠소?"

유방이 승리한 이유

유방이 천하의 주인이 되어 마침내 한나라 황제에 올랐을 때, 그가 잔치를 베풀며 신하들에게 물었다.

"경들은 내가 천하를 얻은 까닭이 뭐라 생각하오?"

이에 신하들이 항우의 어리석음과 유방의 탁월함에 대해

침이 마르게 칭찬하며 그것이 이유라고 말하자 유방이 머리를 흔들며 답했다.

"그렇지 않소. 나는 장막 안에서 전략을 세워 천 리 밖의 승리를 얻게 하는 데는 장량만 못하고, 나라를 편안히 하고 백성을 어루만지며 군대에 보급이 끊어지지 않도록 하는 일에는 소하만 못하며, 백만의 병사를 거느리고 나아가 싸우면 반드시 이기고 공격하면 반드시 빼앗는 일에는 한신보다 못하오. 하지만 내가 그들을 잘 통솔하였기에 재능을 맘껏 발휘할 수 있었소. 그것이 바로 내가 천하를 차지한 이유라오."

유방이 이렇게 소리쳤지만 그에게 의리는 없었다. 황제가 된 후, 막강한 군대를 이끌고 있는 한신을 우려하는 상소가 빗발쳤고, 한신을 제거하라는 소리가 끊어지지 않자 유방은 끝내 한신의 목을 쳤다.

君子有三戒 군자유삼계

군자에게 세 가지 경계해야 할 것이 있다는 말. 남자가 자신의 혈기에 따라 함부로 움직이는 것을 경계하는 말로 여색, 싸움, 탐욕을 특히 경계하라고 가르치고 있다.

21

분별 分別

승자와 패자

子曰 以約失之者 鮮矣
자왈 이약실지자 선의
–〈이인 里仁〉

공자께서 말씀하셨다.
"스스로 절제할 줄 알면서 실수하는 사람은 드물다."

◊

이기는 군대의 승리 비법

전쟁학의 교과서 《손자병법》에 '선승구전先勝求戰'이라는 말이 나온다. 승리하는 군대는 승산을 충분히 따진 뒤에 이길 가능성이 크다는 판단이 설 때 비로소 전쟁을 벌이지만 패배하는 군대는 일단 전쟁부터 벌인 뒤에 이길 방도를 찾는다는 것이다.

이 얘기는 싸우기 전에 반드시 적의 입장에서 판단해 보라는 뜻으로, 손자의 유명한 말 '지피지기 백전불태知彼知己 百戰不殆'의 또 다른 버전이다. 적을 알고 나를 알면 백 번 싸워도 전혀 위태롭지 않다는 명언이다.

나폴레옹이 러시아를 침공하기 위해 60만 대군을 이끌고 프랑스를 떠난 것은 1812년 5월이었다. 그들은 모스크바를 목표로 대륙을 가로질러 순탄하게 진격했지만 여름을 지나 가을로 접어들면서 러시아 중심부로 접근하자 심각한 문제가 대두되기 시작했다.

첫째는 러시아 군대가 전투를 회피하려고 모든 지역의 건물과 곡식에 모조리 불을 지르며 퇴각한 것이었다. 이로써 식량을 비롯한 군수물자를 현지에서 조달하려던 나폴레옹의 계산은 벽에 부딪치고 말았다.

더 큰 문제는 러시아가 9월만 되어도 겨울이 시작되는데 냉혹한 추위를 피하기 위해 막사로 이용할 만한 시설물이 모두 사라졌다는 것이다. 이로써 프랑스 군대는 눈보라치는 허허벌판에서 언제 나타날지도 모르는 러시아 군대를 기다려야 하는 신세가 되었다.

어쨌든 프랑스군은 그해 9월 마침내 모스크바를 점령했다. 나폴레옹은 모스크바만 빼앗으면 러시아 군대가 즉시 항복할 것이라고 예상했지만, 그 또한 오산이었다. 그들은 모든 시설을 불태운 후 연기처럼 사라져 버렸기에 전쟁의 결말이 오리무중에 빠지고 말았다. 이로써 먼저 싸움부터 하고 나중에 승리의 방법을 찾으려 했던 나폴레옹의 기대는 완전히 무너지고 말았다.

상대할 적군이 없는 적진에 들어와서 허공에 대고 싸우자고 외치던 프랑스군은 어쩔 수 없이 10월에 퇴각하기로 결정했다. 그러나 철수 명령은 섣부른 결정이었다. 이 순간을 기다려온 러시아군이 철수하는 프랑스군을 추적하여 궤멸에 가까운 타격을 입혔고, 프랑스군은 고작 5만도 남지 않은 채 프랑스로 허둥지둥 퇴각해야 했다.

문제는 그때부터였다. 프랑스군이 대패했다는 소식이 유럽 대륙에 퍼져 그간 나폴레옹의 위세에 눌려 지내던 유럽 여러 나라들이 들고 일어나기 시작함으로써 나폴레옹의 몰락은 시간문제가 되었다.

절제할 줄 알면 실수가 드물다

이야기는 간단하지만 여기에 한 가지 중요한 문제가 숨어 있다. 나폴레옹이 60만 대군을 이끌고 멀고 험한 길을 떠나면서 그곳의 기후와 지형, 러시아군의 예상 전략, 군수물자 조달, 아군의 전략전술 등에 관한 계획이 처음부터 끝까지 크게 어긋났다는 사실이다.

더 큰 문제는 나폴레옹은 연달아 수렁에 빠지고도 자신의 실수를 인정하지 않고 안일한 대책으로 일관했다는 것이다. 마지막 순간까지도 나폴레옹은 이 전쟁에서 쉽게 승리할 줄 알았던 것이다. 자만심이 그를 헤어나올 수 없는 수렁에 빠뜨린 것이다.

스스로 절제할 줄 알면서 실수하는 사람은 드물다.

공자의 말씀은 나폴레옹의 경우에 딱 맞는 금언이다. 나폴레옹의 실패는 절제할 줄 모르는 정복욕 때문이었다. 러시아의 날씨나 전투 환경, 작전개념 따위는 안중에도 없었던 것이다.

세계의 모든 역사책에는 이처럼 절제할 줄 몰랐기에 나락으로 굴러 떨어진 한때의 성공자들이 아주 많다. 어디 그들뿐이랴. 오늘을 사는 우리도 정도를 넘지 않도록 알맞게 조절하는 일에 너무 많이 실패하며 살아간다. 그러고 보면 절제라는 한 마디가 인생의 성공과 실패를 가르는 열쇠라고 해도 지나친 말은 아닐 것이다.

以約失之者 鮮矣 이약실지자 선의

스스로 절제할 줄 알면서 실수하는 사람은 드물다는 말. 탐욕을 버리고 정도를 넘지 않도록 알맞게 조절하며 살면 실수가 드물다는 뜻이다.

22

모색 摸索

임금답지 않은 임금의 최후

齊景公問 政於孔子 孔子對曰 君君 臣臣 父父 子子
제경공문 정어공자 공자대왈 군군 신신 부부 자자

公曰 善哉 信呂君不君 臣不臣 父不父 子不子
공왈 선재 신여군불군 신불신 부불부 자부자

雖有粟 吾得而食諸
수유속 오득이식저
—〈안연 顔淵〉

제나라 경공이 공자에게 정치에 대해 묻자, 공자께서 말씀하셨다.
"임금은 임금답고 신하는 신하다우며, 아버지는 아버지답고 아들은 아들다운 것이 좋은 정치입니다."
이에 경공이 말했다.
"좋은 말씀입니다! 만일 임금이 임금답지 못하고 신하가 신하답지 못하며, 아버지가 아버지답지 못하고 아들이 아들답지 못하다면 비록 곡식이 있을지라도 제가 그것을 마음 편히 먹을 수 있겠습니까?"

ϕ

원숭이를 목욕시켜 관을 씌우다

사마천의 《사기》 〈항우본기項羽本記〉는 항우의 짧으나 격렬했던 일생을 자세히 소개하고 있다. 항우는 어려서부터 대범한 기질에 우람한 풍모로 이목을 끌었지만 글을 멀리하고 검술에도 흥미가 없었다. 숙부가 이를 나무라자 항우가 이렇게 대답했다고 한다.

"글은 이름을 쓸 줄 아는 것으로 족하고 검술은 단지 한 사람을 대적하는 것이어서 배울 바가 못 됩니다. 저는 만인을 상대하는 법을 배우겠습니다."

항우는 진시황가 죽은 후 대륙이 혼란에 빠진 틈을 타 숙부와 함께 봉기해서 스스로 초나라 상장군이라 칭하며 들고일어났다. 얼마 뒤 항우는 진나라 군대를 차례로 무찌르며 대륙의 혼돈을 잠재울 최고의 장수로 손꼽히게 되었다. 그의 나이 25세 때였다.

항우의 기세는 요원의 불길 같았다. 그는 마침내 진나라 수도 함양을 함락시킨 후 아방궁을 비롯해서 진시황의 체취가 남아 있는 그곳을 단숨에 폐허로 만들어 버렸다. 그런 후 항우는 하루 빨리 고향에 돌아가 성공을 과시하려고 신하들의 반대를 무릅쓰고 팽성으로 천도를 서둘렀다.

함양은 관중關中이라 불리는 요지이자 패업을 이루기에 딱 좋은 땅으로, 항우가 천하를 제패할 생각이 있다면 그곳을 떠나지 말아야 했다. 그러나 항우는 금의환향하겠다는 욕심 탓에 고집을 꺾지 않았다. 장수와 신하들이 계속 반대하자 항우는 이렇게 대꾸했다.

"내가 아무리 부귀해지더라도 고향에 돌아가 사람들에게 성공한 모습을 보여 주지 않는다면 비단옷을 입고 밤길을 가는 것과 같다."

항우는 천하를 손에 넣기 전에 고향 사람들에게 자신의 성공한 모습을 한시 바삐 보여주는 게 급선무라고 생각했다. 항우가 고집을 꺾지 않자 한생이라는 신하가 크게 탄식하며 혼잣말로 중얼거렸다.

"저렇게 어리석다니, 원숭이를 목욕시켜 관을 씌운 꼴이군."

임금은커녕 원숭이보다 못하다는 비난이었다. 이 말에 항우는 끓어오르는 분노를 참지 못하고 당장 한생을 펄펄 끓는

가마솥에 던져 죽였다. 항우는 글줄이나 읽었다고 자신을 무시하는 신하들을 제일 싫어했다. 죽기 전에 한생이 말했다.

"두고 보라. 한왕漢王-유방이 반드시 너를 멸하리라. 역시 초나라 놈들은 원숭이와 같아서 관을 씌워도 소용없구나."

조직의 리더라면 반드시 챙겨 들어야 할 말씀

그 다음의 이야기는 역사책에 나온 그대로다. 한때의 거대한 승리를 뒷전에 미뤄두고 31세 때 적장이자 한때 자신의 부하였던 한신에 밀린 마지막 전투를 끝으로 분을 참지 못하고 자결함으로써 스스로 7년 전쟁의 종지부를 찍었다.

항우와 수많은 전투에서 맞섰던 한신은 항우가 유방보다 훨씬 막강한 군사력을 보유하고도 패배한 원인을 '부인지인婦人之仁'과 '필부지용匹夫之勇' 탓이었다고 간단히 결론지었다.

부인지인이란 장수가 뜻을 관철하기 위해 과단성 있게 행동하지 않고 아녀자처럼 작은 아량에 사로잡혀 우왕좌왕하다 대사를 그르친다는 말이다. 필부지용은 평범한 사내의 용기라는 뜻으로, 항우가 막판의 연이은 패배에 울화를 못 참고 목숨을 끊음으로써 스스로 재기의 기회를 저버린 것을 비판하는 말이다.

공자는 임금은 임금답고 신하는 신하다우며 아버지는 아버지답고 아들은 아들다운 것이 훌륭한 정치라고 말한다. 항우가 압도적인 군사력과 수많은 인재들을 거느리고도 좀 더 리더다운 모습을 보였더라면 중국의 역사는 얼마든지 새 판을 짤 수 있었을 것이다.

어디 항우 한 사람뿐이랴. 세계 역사에는 임금답지 않은 임금 때문에 나라마저 망해먹은 경우가 상당히 많다. 조선의 역사만 해도 임금답지 않은 임금 때문에 백성이 고생하고 나라가 위태로웠던 경우가 얼마나 많았던가?

나라도 그렇고, 집안도 그렇고, 어떤 조직도 마찬가지다. 공자의 말씀은 어떤 직분에 있든 자기 자리에 있는 사람답게 생각하고 행동한다면 역사가 바로선다는 가르침이다. 조직의 리더라면 반드시 챙겨 들어야 귀한 말씀이다.

君君 臣臣 父父 子子 군군 신신 부부 자자

좋은 정치란 임금은 임금답고 신하는 신하다우며, 아버지는 아버지답고 아들은 아들다운 것이라는 말. 각자 자기 역할에 최선을 다하는 것이 건강한 나라와 집안을 만든다는 뜻이다.

23

무권 無倦

결코 나태하지 마라

子路問政 子曰 先之勞之 請益 曰 無倦
자로문정 자왈 선지로지 청익 왈 무권
–〈자로 子路〉

자로가 정치에 대해 묻자, 공자께서 말씀하셨다.
"백성들보다 먼저 솔선수범하고 부지런히 일하는 것이다."
자로가 좀 더 자세히 말해달라고 하자 공자께서 말씀하셨다.
"나태하지 말아야 한다."

◇

오나라 부차의 몰락

"오나라와 월나라는 원수처럼 미워하는 사이지만 만약 그들이 같은 배를 타고 바다를 건너다 풍랑을 만나면 오른손과 왼손의 관계처럼 돕게 될 것이다."

손자의 말로, 여기서 '오월동주吳越同舟'라는 말이 처음 생겼다. 오나라와 월나라는 왜 사사건건 싸웠을까? 오늘날의 중국 대륙 남동부 연안에 경계를 두고 위아래로 나란히 위치했던 두 나라는 대륙 남부의 주도권을 놓고 오랜 세월 으르렁거렸다.

그러다 오나라 왕 합려闔閭가 월나라 왕 윤상允常과 평생에 걸친 싸움을 벌이다 몇 차례 패배 끝에 죽게 되었다. 죽음을 앞둔 합려는 아들 부차夫差에게 반드시 월나라를 멸하라고 유언을 남겼는데, 부차는 아버지의 말을 잊지 않기 위해 섶 위에 장작더미를 쌓아놓고 잠을 자며臥薪 복수를 다짐했다.

어느 해 윤상에 이어 월나라 왕이 된 구천句踐은 신하들의 말을 듣지 않고 오나라 국경을 넘어 공격을 감행했다가 복수심에 불타는 오나라 군대에 패해 국경지대에 있는 회계산으로 도망치게 되었다.

한참을 쫓기던 구천은 더 이상 갈 곳이 없자 부차에게 노예가 되겠다며 항복하면서 천하제일의 미녀 서시西施를 바쳤다. 그뒤 부차의 신하들은 후환을 남기지 않으려면 구천을 반드시 죽여 없애야 한다고 말했지만 부차는 굴복한 모습이 역력한 구천이 안쓰럽기도 하고 두 나라의 오랜 원한관계를 끝내고 싶어 그를 풀어 주었다.

고국으로 돌아온 구천은 옆에 쓸개를 놔두고 앉으나 서나 그것을 핥으면서嘗膽 패배의 치욕을 되씹었다. 그런 한편으로 은밀히 병사들을 훈련시키고, 오나라의 지형지물에 맞춰 공격을 감행할 전쟁 준비를 차곡차곡 쌓아나갔다.

그러는 동안 부차는 한 번 자기에게 처절하게 굴복한 구천을 깔보며 서시와 함께 방탕하고 게으른 나날을 보내고 있었다. 예전에는 섶 위에 장작더미를 쌓아놓고 잠을 잘 만큼 절치부심했는데 이제는 그런 것 따위는 다 잊어버렸다.

구천이 부차에게 항복한 지 20년 후, 마침내 군사력을 키운 구천이 가차 없이 오나라로 쳐들어가 단번에 부차를 굴복시키고 이전의 굴욕을 씻음으로써 물고 물리는 복수전의 대미를 장식했다. 부차는 끝내 자결했고, 이로써 구천은 대륙의 남부를 넘어 천하의 패자가 되었다.

군주는 게으르지 말아야 한다

공자는 정치인은 백성들보다 먼저 솔선수범하고 부지런해야 한다고 말한다. 한 마디로 말해서 정치인은 나라를 위해 잠시도 쉬지 말고 열심히 일해야 한다는 말이다. 그럼에도 부차는 자만심에 빠지고 서시에 빠져서 게으른 나날을 보냈고 끝내 나라를 말아먹고 말았다.

공자는 '무권無倦'이라고 했다. 말 그대로 '게으르지 말라'는 뜻이다. 역사에는 한 번의 큰 성공 뒤에 스스로 만족한 나머지 게으름에 빠져 파멸을 자초하는 군주들이 많았다. 자신의 지위가 영원할 것이라는 헛된 망상과 영구히 부귀영화를 누리겠다는 욕망에 사로잡혀 한없이 나태해진 것이다.

《논어》에 〈안연편〉에도 '무권無倦'이라는 말이 등장한다. 제자 자장이 정치에 대해 묻자 공자가 이렇게 대답한다.

자리를 맡으면 게으르지 말고, 일을 할 때는 충심으로 행하라.

부차는 한때의 열정과 집념을 잊어버리고 게으름의 지옥에 빠져 나라를 망쳤다. 우리 주변에도 제2, 제3의 부차가 있다. 한때의 성공에 도취되어 방탕과 나태에 빠져 지내다 하루아침에 몰락의 길을 치달은 인물들 말이다.

기업사회에는 젊은 시절에 창업해서 막대한 돈을 벌어들이며 장래가 유망한 사업가로 명성이 높다가 어느 순간 세인들의 관심에서 멀어지는 사람들이 많다. 기발한 온라인 비즈니스 아이템으로 한 시절을 풍미했으나 바람처럼 사라지는 경우도 있다. 그런 이들일수록 대부분 한두 번의 성공에 도취되어 나태하고 방탕한 나날을 보내다 기업마저 망쳐버린 케이스가 많다고 한다.

부지런히 힘써 일하며 정성스럽고 참되게 일하는 사람들이 많은 회사가 잘 되는 것처럼 집안도 그렇고, 나라도 그렇다. 게으르지 마라! 공자의 말씀이 귀에 쟁쟁하게 들리는 듯하다.

先之勞之 無倦 선지로지 무권

정치하는 사람은 백성들보다 먼저 솔선수범하고 부지런히 일해야 하며, 무엇보다 게으르지 말아야 한다는 말이다. 공자는 특히 나태함을 가장 경계할 자세로 보았다.

24

자각 自覺

엎어진 앞 수레의 바퀴자국

子曰 見賢思齊焉 見不賢而內自省也
자왈 견현사제언 견불현이내자성야
–〈이인 里仁〉

공자께서 말씀하셨다.
"어진 사람을 보면 그 사람을 닮아갈 것을 생각하고 어질지 못한 사람을 보면 나도 그렇지 않은지 스스로 반성한다."

ᅌ

엎어진 앞 수레의 바퀴자국

'복거지계覆車之戒'라는 말이 있다. 앞서가는 수레가 뒤집히는 것을 보고 뒤따라가는 수레가 미리 조심한다는 말로 남의 실패를 거울로 삼으라는 뜻이다. 《한서》에 이런 얘기가 나온다. 전한의 효문제에게 어느 신하가 말했다.

"엎어진 앞 수레의 바퀴자국은 뒤따르는 수레의 경계가 됩니다. 하나라와 은나라, 그리고 주나라는 태평성대를 누렸으니 이를 본받지 않으면 나라가 오래갈 수 없습니다."

앞에 가는 사람의 잘못을 보고도 똑같이 행동하는 식으로 전철前轍을 밟지 말라는 뜻이다. 하나라와 은나라, 주나라는 고대 중국 시대에 훌륭한 군주를 만나 그 어느 때보다 태평하고 풍요로운 시대를 펼쳐 나갔다. 신하는 효문제에게 이들 나라들이 백성을 다스렸던 방법을 잘 연구해서 나쁜 사례는 닮지 말고 좋은 사례는 그대로 따라하면 정치에 별 문제가 없을 거라는 제언이었다.

공자는 어진 사람을 보면 그 사람을 닮아갈 것을 생각하고 어질지 못한 사람을 보면 나도 그렇지 않은지 스스로 반성하라고 했는데, 이것은 국가도 마찬가지다. 나라와 백성을 훌륭하게 다스린 사례를 보고 배워 본받지 않으면 나라가 오래 지속될 수 없다는 말은 언제나 진리이다.

이런 일은 개인에게도 해당된다. 예를 들어 사회생활을 갓 시작한 사람에게는 본받아야 할 롤모델이 필요하다. 롤모델은 나보다 앞서가는 수레바퀴와 같이 내가 그 길을 따라갈 수 있는 인물이어야 한다.《한비자》에 이런 얘기가 있다.

위나라 장수 악양이 중산국을 공격할 때였다. 중산국 왕이 때마침 중산국에 와 있던 악양의 아들을 가마솥에 넣고 삶아 국을 만들어 보냈다. 악양의 기를 꺾으려는 의도였는데, 악양은 기가 죽기는커녕 눈 하나 까딱하지 않고 단숨에 국물을 마셔 버렸다. 임금이 그의 충성심에 감동하여 칭찬하자 재상 도사찬이 말했다.

"자기 아들의 살점까지 먹어치우는 자가 누군들 먹어치우지 않겠습니까?"

그 무렵 맹손이란 사람이 새끼사슴을 사냥하여 시종 진서파에게 갖고 가도록 했다. 그런데 어미사슴이 따라오며 계속 울부짖자 새끼를 어미에게 그냥 돌려 주었다. 맹손이 집에 돌아와 사슴을 찾자 진서파가 말했다.

"어미사슴의 울음소리에 견딜 수 없어 돌려 주었습니다."

화가 치민 맹손이 진서파를 당장 내쫓았다. 그런데 석 달 후, 맹손은 진서파를 다시 불러 자식의 스승으로 삼았다. 사람들이 연유를 묻자 이렇게 대답했다.

"그를 내쳤던 것은 윗사람의 명을 어긴 벌이었지만, 새끼사슴이 가련해서 못 견딜 정도라면 사람의 자식은 얼마나 귀하게 여기겠는가?"

당신이 만나야 할 롤모델

한비자는 이를 두고 '교묘하게 남을 속이는 것은 어설프나마 정성어린 것보다 못하다巧詐不如拙誠'고 했다. 악양의 행동은 임금의 신임을 얻으려는 억지 태도로 보았지만 진서파는 아들의 롤모델이 되기에 충분하다고 보았다는 얘기다. 불쌍한 동물을 보고 동정과 연민으로 대하는 사람이라면 스승이 되기에 충분한 조건이라고 본 것이다.

사회생활을 하다 보면 수없이 많은 사람을 만나게 된다. 그 중에는 닮고 싶은 사람이 있고 외면하고 싶은 사람도 있다. 처음 볼 때는 훌륭했지만 나중에 보니 겉 다르고 속 다른 사람이 있고, 소문은 나빴지만 막상 만나 보니 그렇지 않은 사람도 있다.

업계의 롤모델이라고 생각하고 한동안 같이 지내다가 잘못된 일에 연루되어 피해를 당하는 경우도 있고, 아무 의식 없이 만나는 사이인데 상사들에게 좋은 말을 해주어 승진에 도움을 받는 경우도 있다.

사람마다 롤모델은 다르지만 한 가지는 분명하다. 그때그때 아무 생각 없이 임시변통으로 행동하고 아무 말이나 불쑥 내뱉는 사람은 절대 안 된다. 불쌍한 것을 보고도 아무 감정이 없이 외면하는 사람은 더 안 된다.

인간에 대한 예의가 있는 사람, 심지가 굳어서 자기 목표가 뚜렷하고 자신의 일에 정직하고 성실하게 일하는 사람, 제 갈 길을 똑바로 가는 수레 같은 사람, 당신의 롤모델은 그런 사람이어야 한다.

見賢思齊焉 견현사제언

어진 사람을 보면 그 사람을 닮아갈 것을 생각하라는 말. 뒤에 어질지 못한 사람을 보면 나도 그렇지 않은지 스스로 반성하라는 말이 이어진다.

5장

얼마나 철저히 준비했는가?

남이 나를 속일 거라고 미리 짐작하지 말고 남이 나를 믿지 않을까 미리 억측하지 말라. 먼저 남의 감정을 알아채는 것이 어찌 현명하다고 하겠는가?

-〈헌문憲問〉 중에서

25

대비 對備

두 명의 극지 탐험가

子夏爲莒父宰 問政 子曰 無欲速 無見小利 欲速則不達
자하위거보재 문정 자왈 무욕속 무견소리 욕속즉부달

見小利則大事不成
견소리즉대사불성
–〈자로 子路〉

자하가 거보의 읍재邑宰가 되어 정치에 대해 묻자, 공자께서 말씀하셨다.
"서둘러 성과를 내려 하지 말고 작은 이익을 탐내지 말아야 한다. 빨리 성과를 내려고 하면 제대로 이루지 못하고, 작은 이익을 탐내면 큰일을 달성하지 못한다."

●

극지 탐험에 도전한 두 남자 이야기

다음은《맹자》〈고자 상告子 上〉편에 있는 글이다.

군주가 나라의 안녕을 위해 처음부터 인의에 기초한 정치를 펼쳐야지 나라에 환란이 닥쳐서 뒤늦게 인의를 찾거나 인재를 구하는 것은 참된 정치가 아니다. 그렇듯이 사람은 항상 만약의 사태에 대비해야지 어떤 일을 당한 뒤에는 이미 때가 늦다.

일이 터진 뒤에 허겁지겁 대책을 세우지 말고 미리미리 만약의 사태에 대비하라는 뜻으로, 말하자면 유비무환과 같은 의미이다. 이에 반해 공자는 성급하게 서두르면 일이 성사되기 어렵고, 너무 잘하려고 하다가는 오히려 일을 그르친다고 말한다. 너무 일러도, 너무 늦어도 안 되는 것은 마찬가지이니 적절한 시간에 진중하고 겸손한 마음가짐으로 일에 임하라는 가르침이다. 한 마디로 말해서 일에 임하는 타이밍이 문제라는 것으로, 타이밍이라면 떠오르는 유명한 이야기가 있다.

1910년 6월 노르웨이의 극지탐험가 로알 아문센과 영국의 해군 대령 로버트 스콧은 각자의 나라를 출발하여 남극 탐험에 나섰다. 그들의 탐험에는 여러 가지 위험 요소를 안고 있었다. 통신수단이 없어 조난이라도 당하면 구조 요청이 불가능했고, 영하 50도에 달하는 남극 대륙을 2,250킬로미터 이상 왕복해야 하는 혹독한 환경 조건도 문제였다.

아문센과 스콧은 완전히 다른 개성의 소유자였다. 선원의 아들로 태어나 여러 차례 극지 탐험 경험이 있는 아문센은 남극에 대한 공부를 철저히 한 끝에 개썰매를 타고 남극점에 도달한다는 계획을 세웠다.

반면에 로버트 스콧은 해군 장교로서 다양한 항해 경험에다 극지 탐험 관련 서적을 두루 탐독한 후 엘리트다운 상상력을 더해서 탐험을 준비를 했다. 스콧 일행은 운송 수단은 빠른 행군을 위해 조랑말을 선택했고, 당시로선 아직 성능이 검증되지 않은 모터썰매를 구비했다. 최대한 빨리 남극에 도달해 인류 최초라는 타이틀을 차지하고 싶었던 것이다.

그러나 스콧의 착상은 잘못된 것이었다. 조랑말은 혹한 속에서 금방 얼어 죽었고 모터썰매는 이내 고철덩어리가 되는 바람에 여정의 대부분을 대원들과 함께 썰매를 직접 끌면서 눈보라를 헤쳐 나가야 했다.

그렇게 온갖 고초를 겪으며 스콧이 남극점에 도달했을 때는 아문센보다 35일 늦은 1912년 1월이었다. 스콧 일행은 남극점에 꽂힌 노르웨이 깃발을 보고 실망한 채 귀환하다 악천후 속에 실종되고 말았다.

스콧은 왜 실패했을까? 경영학의 대가 짐 콜린스는 아문센과 스콧의 차이는 '얼마나 철저히 준비했나?'에 있었다고 말했다. 탐험의 타이밍, 필요한 탐험 도구, 전문적 식견과 경험, 이 모든 것들이 철저한 계획 하에 준비되어야 하는데 스콧은 아문센보다 모든 면에서 턱없이 부족했다.

반드시 명심해야 할 충고

스콧이 상상력에 의존해서 탐험을 준비했다는 대목이 눈길을 끈다. 무슨 일이든 상상력은 중요하지만 극지 탐험 같은 위험천만한 여행은 그것만으로는 절대 안 된다. 현실에 근거한 충분한 준비가 있어야 한다. 스콧이 아직 성능이 검증되지 않은 모터썰매를 구비했다는 점도 눈에 띈다. 그러나 이 결정은 남극의 혹독한 기후 조건을 무시한 것이고, 그로 인한 결과는 참혹했다.

공자는 성급하게 서두르면 일이 성사되기 어렵고 너무 잘하려고 하다간 오히려 일을 그르친다고 말했는데, 스콧은 이 충고를 무시했다.

그러나 우리는 자주 스콧과 같은 실수를 저지른다. 특히 남과 경쟁할 때는 어떻게든 이겨 보려고 기를 쓰고 작은 이익을 탐내며 서둘러 성과를 내려고 한다. 스콧의 실패는 큰일을 하려는 사람이라면 반드시 반면교사로 삼아야 할 교훈이다.

欲速則不達 욕속즉부달

빨리 성과를 내려고 하면 제대로 이루지 못한다는 말. 빨리 이루려고 너무 서두르면 도리어 망치게 된다는 뜻으로, 항상 진중하고 침착한 태도로 일하라는 가르침이다.

26

경제經濟

어느 밥집의 문전성시

葉公問政 子曰 近者說 遠者來
섭공문정 자왈 근자열 원자래
–〈자로 子路〉

초나라 제후 섭공이 정치가 무엇인지를 묻자, 공자께서 말씀하셨다.
"가까이 있는 사람들은 기뻐하고, 멀리 있는 사람들을 스스로 찾아오게 하는 것입니다."

소문난 시골 맛집의 비밀

TV에서 맛집을 소개하는 프로그램을 보다가 깜짝 놀랐다. 강원도의 어느 한적한 지방도로에서 자동차로 10여 분은 더 들어가야 하는 벽촌에 허름한 식당이 하나 있는데, 마당에 자동차들이 빼곡 들어차 있고 안으로 들어가니 손님들이 엄청 북적이고 있었다. 리포터가 한 손님에게 물었다.

"어디서 오셨어요?"

대부분 경상도나 충청도 같은 외지에서 온 손님들로 이곳이 맛있다는 소문을 듣고 먼 길을 달려왔다고 했다. 음식 하나를 먹기 위해 그런 도전을 한다는 사실이 너무 신기했다. 리포터가 물었다.

"맛있어요?"

주변의 모든 사람들이 엄지손가락을 치켜 올리며 이구동성으로 대답했다.

"최고예요!"

메뉴는 고작해야 시골보리밥에 국은 추어탕, 각종 채소 반찬, 그리고 한가운데 먹음직한 돼지살코기가 곁들여져 있는 보통의 식탁이었다. 리포터가 그리 특별할 것이 없다는 생각에 머리를 갸웃거리는 가운데 식당 밖에 대기 손님들이 길게 줄을 잇고 있는 모습을 카메라로 보여주었다.

풍족한 살림이 먼저다

공자는 가까이 있는 사람들은 기뻐하고, 멀리 있는 사람들을 스스로 찾아오게 하는 것이 정치의 본질이라고 말한다. 문전성시를 이루는 시골의 식당과 마찬가지로, 나라 살림이란 백성들이 먼 데서 기쁜 마음으로 찾아오고 흡족한 기분으로 돌아가는 게 전부라는 것이다.《관자》에 이런 글이 나온다.

> 사람이란 입을 옷과 먹을거리가 풍족하면 그때 비로소 영예와 염치를 알게 된다.

사람은 곳간이 가득 차야 비로소 예의범절을 안다는 뜻으로, 군주가 나라를 다스림에 있어 경제 문제를 먼저 해결하지 않고 아무리 윤리도덕을 따져봐야 법의 집행이 제대로 되지 않는다는 얘기다.

나라에 경제 문제가 해결되지 않으면 백성들은 배고픔을 해결하기 위해 아무 집이나 들어가 도둑질을 하고, 작은 먹거리를 놓고 죽일 듯이 싸우게 된다.

맹자도 같은 이야기를 했다. 제나라 선왕이 바른 정치에 대해 묻자 맹자는 백성들이 배부르게 먹고 따뜻하게 지내면 바른 정치는 자연히 열린다며 이렇게 답했다.

> 일반백성은 경제적인 안정이 없으면 항상 바른 마음을 지닐 수 없습니다無恒産而無恒心. 항상 바른 마음을 지닐 수 없다면 방탕하고 편벽되며, 부정하고 허황되어 어찌할 수 없게 됩니다.

국가 운영은 다른 그 무엇보다 경제가 최고의 답이라는 것이다. 그러면 가까이 있는 사람들은 기뻐하며 박수치고 먼 데서 인재들이 제 발로 찾아온다는 얘기다. 경제 문제 해결은 아주 오래 된 정치 지도자의 숙제임을 알겠다.

강원도 산골에 있으면서도 매일 문전성시를 이루는 그 밥집은 공자의 말씀을 알아듣고 이렇게 현실에 반영하고 있는 것일까? 리포터가 주인에게 물었다.

"이렇게 한적한 시골에서 식당이 잘 되는 이유가 무엇일까

요?"

그러자 주인이 소박하게 웃으며 비결을 말해주었다.

"글쎄요, 처음엔 인근에 있는 분들이 찾아왔는데 이제는 알음알음 소문을 듣고 먼 데서까지 오시니 고맙기만 하죠."

국가 운영도, 대기업 경영도, 그리고 작은 식당 운영도 모두 같다. 가까이 있는 사람들은 기뻐하고, 멀리 있는 사람들을 스스로 찾아오면 되는 것이다.

近者說 遠者來 근자열 원자래

가까이 있는 사람들은 기뻐하고 멀리 있는 사람들을 스스로 찾아온다는 말. 정치란 이렇듯이 사람들이 기쁜 마음으로 모여들게 하는 것이라는 뜻이다.

27

시선視線

새로운 눈으로 바라보라

子曰 不逆詐 不億不信 抑亦先覺者 是賢乎
자왈 불역사 불억불신 억역선각자 시현호
-〈헌문 憲問〉

공자께서 말씀하셨다.
"남이 나를 속일 거라고 미리 짐작하지 말고, 남이 나를 믿지 않을까 미리 억측하지 말라. 먼저 남의 감정을 알아채는 것이 어찌 현명하다고 하겠는가?"

●

진정한 탐험의 여정

프랑스 소설가 마르셀 프로스트는《잃어버린 시간을 찾아서》에 이렇게 썼다.

> 진정한 탐험의 여정은 새로운 경치를 찾는 데 있지 않고 새로운 시각으로 바라보는 데 있다.

이 말이 가슴을 때리는 이유는, 인생이라는 탐험의 여정에서 늘 새롭게 펼쳐지는 멋진 장면만을 찾으려는 우리에게 경종을 울리는 한 마디이기 때문이다. 이 말을 이렇게 바꿀 수 있을 것이다.

"인생의 진정한 여정은 매번 또 다른 성공을 찾는 데 있지 않고 하루하루 새로운 시각으로 자기 삶을 바라보는 데 있다."

자기 자신을 들여다보지 않고 늘 남의 눈치만 보며 살아가는 우리들에게 '먼저 남의 감정을 알아채는 것이 어찌 현명하다고 하겠는가?'라는 공자의 말씀은 다시 한 번 폐부를 찌른다.

많은 사람들이 이렇게 살아간다. 남의 감정을 알아채기 위해 바쁘고, 남의 감정에 어긋날까 마음 졸이며 살게 된다. 그뿐인가. 남들이 나를 속일 거라고 미리 짐작하거나 남이 나를 믿지 않을까 두려워하며 전전긍긍한다.

그런 식으로 나의 시선이 타인을 향하기 때문에 정작 자기 자신은 보지 못한다. 그렇기에 프로스트는 그러기 전에 먼저 자기 자신을 들여다볼 것을 권한 것이다.

자기 자신을 이기는 사람

진나라 때 출간된《여씨춘추呂氏春秋》에 이런 글이 있다.

남을 이기고자 하는 사람은 먼저 스스로를 이겨야 하며, 남을 따지려고 하는 사람은 먼저 스스로를 따져야 한다.

남이 아니라 자기를 먼저 이기고, 남의 허물을 따지기 전에 먼저 스스로를 따지고, 그러기 위해 남이 아니라 자신에게 시선을 돌리라는 말이다.

하지만 이게 쉬운 일이 아니기 때문에 늘 문제다. 어린 시절 책상 앞에 '극기克己'라고 써 붙여 놓고 매일 아침 큰소리로 읽었던 적이 있다. 하지만 하루가 지나면 자기 자신을 이긴다는 일이 얼마나 어려운지 깨달을 뿐이었다.

너나없이 남을 이기는 사람이 되려고 한다. 그러기 위해 공부하고, 그러기 위해 신체를 단련한다. 패배하면 끝장이라는 듯이 하루 종일 이를 갈며 전투태세에 들어간다. 그러나 그런 삶이 행복할까? 1930년대에 활동했던 미국의 정신과의사 W. 베란 울페 박사는 우리가 찾는 행복에 대해 이런 글을 썼다.

> 작은 배를 만드는 사람, 음악을 작곡하는 사람, 다른 사람들을 가르치는 사람, 꽃을 재배하는 사람, 고비사막에서 공룡 알을 찾아내는 사람이 진정으로 행복한 사람이 아니라면 과연 누가 행복한 사람일까? 행복 그 자체는 결코 누구의 목표가 될 수 없다. 진정으로 행복한 사람은 하루 24시간 동안 자기 자신으로 살면서 열심히 일을 하다가 행복을 만나게 되는 사람들이다.

큰 배를 만들거나 오페라를 작곡하는 사람만 행복한 것이 아니다. 통키타로 음악을 즐기며 자기만의 노래를 부를 수 있다면 그것이 진짜 행복이다. 고비사막에서 공룡 알을 찾더라도 거기서 발견과 성취의 기쁨을 누린다면 우주여행을 떠나는 사람보다 더 행복할 수 있다.

행복이란 그런 것이다. 거창한 목표를 세우고, 그것만 이루면 고생 끝 행복 시작이라고 생각하면 십중팔구 실망하게 된다. 내 안에 있는 감정에 충실하며 하루 하루 삶의 계단을 올라가다 보면 그 모든 발자국에서 행복의 향기를 맡을 수 있다.

남의 감정 따위는 안중에 두지 말고 내 마음만 다독거리자. 행복을 얻기 위해 자기 밖으로 시선을 돌리지 말고 주변의 작은 것에서 행복을 찾자. 인생이 거창한 것 같지만 이런 소박한 마음이 쌓여 아름다운 삶을 이룬다.

不逆詐 不憶不信 불역사 불억불신

남들이 나를 속일 거라고 미리 짐작하지 말고, 남이 나를 믿지 않을까 미리 억측하지 말라는 말. 남의 감정을 섣불리 알아채려는 태도는 현명한 짓이 아니라는 뜻이다.

28

겸허謙虛

부자들의 생존법

子曰 貧而無怨難 富而無驕易
자왈 빈이무원난 부이무교이
–〈헌문憲問〉

공자께서 말씀하셨다.
"가난하면서 원망이 없기는 어렵고 부유하면서 교만이 없기는 쉽다."

옛사람들의 인재판별법

위나라 사람 이극李克이 인재를 판별해 내는 다섯 가지 법칙을 제시했다. 명칭은 '오시법五視法'으로, 내용은 이렇다.

첫째, 벼슬하지 않고 집에 있을 때 누구와 사귀는지 보면 그의 사람됨을 알 수 있다. 둘째, 풍요로울 때 어떻게 재물을 쓰는지 보면 그의 사람됨을 알 수 있다. 셋째, 높은 지위에 있을 때 누구를 발탁하는지 보면 그의 사람됨을 알 수 있다. 넷째, 구차한 처지에 있을 때 무엇을 하지 않는지 보면 그의 사람됨을 알 수 있다. 다섯째, 가난할 때 부정한 재물을 취하지 않는지를 보면 그의 사람됨을 알 수 있다.

가난해도 남을 원망하지 않고 부유하면서도 교만하지 않는 사람이 인재 중의 인재라는 가르침이다. 하지만 이런 경지에 오르기가 쉽지 않기에 늘 문제다. 가난하면 자신에게 기회를 주지 않는 세상을 원망하기 쉽고, 교만한 부자들을 보면 적대감이 생겨서 분노가 들끓는다.

예전에 부잣집만 털어가는 도둑이 화제였다. 그가 임꺽정처럼 가난한 사람들을 위해 돈을 나눴다는 이야기를 들어 보지 못했지만 시민들은 그의 행각에 은근히 박수를 보내기도 했다. 나를 대신해서 부자들에게 통쾌하게 복수해줬다는 생각 때문이었다.

부자의 자식은 저잣거리에서 죽지 않는다

월나라 구천이 오나라 부차를 척결하고 오랜 갈등의 종지부를 찍었을 때, 구천 밑에서 재상을 지낸 범려가 벼슬자리에서 물러나 어느 지방으로 내려가 살면서 타고난 이재를 발휘해 거부가 되었다.

그런데 어느 날 초나라에 가 있던 둘째아들이 살인을 저지르고 투옥되었다는 소식을 들었다. 범려는 당장 큰아들을 불러 깜짝 놀랄 거금을 건네주며 동생을 구해오라고 했다. 범려는 이렇게 말했다.

"천금의 자식은 저잣거리에서 죽지 않는다."

천금을 가진 부호의 아들은 그렇게 하찮은 곳에서 죽을 수 없다는 말이었다. 범려는 큰아들에게 편지를 건네며 초나라에 달려가 장張 씨라는 사람을 만나 돈과 편지를 전하라고 했다. 장 씨는 범려와 오랜 교분을 나눈 사이로 초나라 왕과 친밀하게 지내는 숨은 실력자였다.

초나라로 건너간 큰아들은 아버지의 말에 따랐고, 장 씨는 흔쾌히 특별사면을 약속했다. 그런데 그 사이에 범려의 큰아들이 초나라의 고관대작 자제들과 교분을 나누다 동생이 장 씨와는 상관없이 원래 특별사면 될 예정이었다는 말을 듣게 되었다.

이에 범려의 큰아들은 당장 장 씨에게 달려갔다. 원래 군대에서는 대대장보다 대대장 마누라가 더 무섭고, 마을에서는 부자보다 부잣집 아들이 더 무섭다는 얘기가 있다. 큰아들은 장 씨가 자신을 속였다고 윽박지르며 건넨 돈을 도로 내놓으라고 죽일 듯이 닦달했고, 장 씨는 돈을 돌려주었다.

하지만 그것으로 끝이 아니었다. 장 씨는 큰아들의 괘씸한 소행에 분노해 당장 왕에게 달려가 범려의 아들에 대한 특별사면을 취소할 것을 요청했다. 결국 범려의 둘째아들은 저잣거리에서 효수형에 처해졌고 나머지 죄인들은 사면됨으로써 천금의 아들도 얼마든지 비루하게 죽을 수 있음을 보여 주었다.

이극의 오시법 두 번째 조항을 보면 풍요로울 때 어떻게 재물을 쓰는지 보면 그의 사람됨을 알 수 있다고 했는데, 범려의 큰아들은 바로 여기에 해당하는 인물이었다. 돈을 벌어 본 경험은 없이 아버지가 번 돈을 맘껏 쓸 줄만 알았던 큰아들은 그렇게 교만이라는 이름의 발길질로 동생을 사지에 몰아넣고 말았다.

옛날에 부자들은 아무리 재물이 많아도 함부로 뻐기지 않고 자중하는 모습을 보였다. 그러나 어설프게 가진 자들이 돈주머니를 흔들며 자랑질을 하다가 스스로 자기 무덤을 판다. 교만을 떨다가 목숨을 잃어버린 사례들은 역사책의 모든 페이지에 쌔고 쌨다.

貧而無怨難 富而無驕易 빈이무원난 부이무교이

가난한 자는 본래 남을 원망하기 쉽고 부유한 사람은 교만하기 쉽다는 말. 특히 부자일수록 교만해서 주위사람을 얕잡아보기 쉬운데, 이런 태도의 위험성을 꼬집는 말이다.

29

처세處世

이로운 자와 해로운 자

子曰 益者三友 損者三友 友直 友諒 友多聞 益矣
자왈 익자삼우 손자삼우 우직 우량 우다문 익의

友便辟 友善柔 友便佞 損矣
우편벽 우선유 우편녕 손의
–〈계씨 季氏〉

공자께서 말씀하셨다.
"유익한 벗이 셋이 있고, 해로운 벗이 셋이 있다. 올곧은 사람을 벗하고, 진실한 사람을 벗하고, 견문이 넓은 사람을 벗하면 유익하다. 겉으로만 잘 꾸미는 사람을 벗하고, 아첨하는 사람을 벗하고, 말재주만 있는 사람을 벗하면 해롭다."

●

내게 이로운 자, 내게 해로운 자

최인호 작가의 《상도商道》에 이런 이야기가 있다. 조선 순조 때 한성부 판윤과 호조판서 등을 지낸 거물 정치인 박종경이 평안도 태생의 젊은 상인 임상옥林尙沃에게 물었다.

"내가 수수께끼를 하나 내겠네. 내가 요즘 한양의 궁궐과 치안을 담당한 총융사 벼슬을 겸하고 있는데 하루에 숭례문으로 몇 명이나 출입하는지 통 모르겠네. 정확한 숫자를 알겠는가?"

임상옥이 잠시 생각하다가 이런 답을 내놓았다.

"하루에 숭례문을 드나드는 사람은 둘뿐입니다."

숭례문은 한양의 관문으로 하루에 얼마나 드나드는지 가늠이 되지 않을 만큼 인파가 들고나는 곳인데 고작 두 명만 드나든다는 답변이었다. 박종경이 의아해하며 다시 물었다.

"그렇다면 두 사람의 성씨를 알 수 있겠는가?"

"한 사람의 성씨는 이利가이고, 다른 사람은 해害가입니다."

해괴한 답변이었지만 박종경은 의미심장한 미소를 지으며 다시 물었다.

"그럼 누가 이롭고, 누가 해로운가?"

이에 임상옥은 《논어》 〈계씨편〉에 나오는 공자의 유명한 말씀을 덧붙였다.

"올곧고 진실하며 견문이 넓은 사람은 이롭습니다. 겉만 잘 꾸미고 아첨을 잘하며 말재주만 있는 사람은 해롭습니다."

숭례문을 드나드는 사람들을 내게 이로운지, 해로운지 두 가지 기준으로 나눈 대답은 장차 조선 제일의 갑부가 되는 장사꾼 임상옥다운 착상이었다.

박종경은 진즉 임상옥의 됨됨이를 알아보았다. 이후 임상옥은 올곧은 성품에 천리 밖을 꿰뚫는 사업가적 안목으로 조선 상계商界의 지도자로 성장하고 평민 출신임에도 순조로부터 관직까지 제수 받는 인물이 된다.

입에는 꿀이, 뱃속에는 칼이

그렇다. 세상엔 내게 이로운 사람도 있는가 하면 해로운 사람도 있다. 살면서 이로운 사람을 만나면 인생이 바뀌는 덕을 보지만 자칫 해로운 사람한테 발목이 잡히기라도 하면 삶이

막장으로 굴러 떨어지기는 순식간이다. 당나라 현종이 그런 사람이었다.

그는 즉위 초기에는 현명한 신하들을 거느리고 민생 위주의 정치에 심혈을 기울여 명군 소리를 들었다. 이 시기를 '개원의 치開元之治'라고 하는데 중국인들은 이때를 태종 이세민 이후 최고의 태평세대라 부른다.

하지만 시간이 흐르면서 현종은 자신의 성과에 오만해져서 양귀비라는 희대의 미인을 가까이하는 한편 직언하는 대신들을 모조리 내치고 입에 발린 소리를 하며 무조건 순종하는 신하들을 중용하기 시작했다.

이때 등장한 인물이 이임보李林甫로, 그는 말은 꿀처럼 달콤하고 나긋나긋했지만 사악하고 음흉하기 짝이 없어서 황제에게 바른 말을 하는 신하는 무슨 죄목이든 뒤집어씌워 가차 없이 죽음에 몰았다.

세상 사람들은 이임보를 가리켜 '입에는 꿀이 발라져 있으나 뱃속에는 칼이 들어 있다口蜜腹劍'고 했다. 역사에 이런 인물이 곁에 있어서 망하지 않는 군주는 없을 만큼 위험하다.

한때 현종은 학문이 뛰어난 인재를 발탁하려고 애를 썼지만, 승상으로 중용된 이임보가 문제였다. 이임보는 황제에게 바른 말을 하는 똑똑한 인재가 나타나면 기어코 황제와의 거리를 차단해 버렸고, 대신 현종 주위에는 이임보가 데려온 간신배들만 가득했다.

당신도 주위를 둘러보라. 당신에게 이로운 사람이 많은가, 아니면 해로운 사람이 더 많은가? 당신의 미래를 위해 어떤 사람이 더 많아야 할지는 두 말할 필요가 없다. 그리고 혹시 해로운 자들이 있다면 박절하게 뿌리쳐야 한다. 그가 또 다른 이임보가 되어 당신을 해칠지 모르니 말이다.

益者三友 損者三友 익자삼우 손자삼우

내게 유익한 사람은 올곧고 진실하며 견문이 넓은 사람이고, 해로운 사람은 겉으로만 잘 꾸미고 아첨을 일삼으며 말재주만 있는 사람이라는 뜻이다.

30

심상心相

신상은 심상보다 못하다

子曰 質勝文則野 文勝質則史 文質彬彬 然後君子
자왈 질승문즉야 문승질즉사 문질빈빈 연후군자
—〈옹야 雍也〉

공자께서 말씀하셨다.
"본바탕이 외면을 넘어서면 투박하고, 외면이 본바탕을 넘어서면 겉만 번지르르하다. 본바탕과 외면이 고르게 어우러진 후에야 군자라고 할 수 있다."

●

이병철 회장의 인재등용법

삼성그룹 창업자 이병철 회장은 기업 초창기에 신입사원을 면접할 때면 관상가를 옆에 앉히고 그의 의견을 참조하여 인재를 뽑았다는 이야기가 전해진다.

지금이야 그 어렵다는 삼성고시를 통해 인재를 선발하지만 예전에는 과학적 선발 기준이 없었을 테니 1차 시험을 통과하면 2차 면접 심사로 용모, 집안, 태도, 인생관 등을 두루 살펴본 다음 인재를 발탁했다. 삼성은 이때 관상가의 안목을 참조했다는 것이다.

《명심보감》에 '의인물용 용인물의疑人勿用 用人勿疑'라는 말이 나온다. 이병철 회장의 인재 선발 원칙으로 유명한 이 말은 의심스러워 믿지 못할 사람은 처음부터 쓰지를 말고 일단 쓴 사람은 절대 의심하지 말라는 뜻이다.

학력도, 집안도 다 좋은데 어딘가 모르게 그늘이 있는 얼굴이 있다. 반대로 학력이나 집안은 빈약한데 적극적이고 쾌활

한 성격이 도드라져 자꾸 눈길이 가는 사람도 있다. 이럴 때 누가 진짜 인재인지 알아보는 통찰력이 선택에 큰 영향을 미쳤을 것이다.

관상觀相이란 겉으로 드러나 보이는 생김새로 사람의 성격과 기질을 파악하는 것을 말한다. 중국인들은 오래 전부터 《마의상법麻衣相法》이라는 책을 관상학의 교과서로 인식해 왔다. 당나라 말기 마의선인麻衣仙人이라는 스승으로부터 전수받은 관상 비법을 진희이陳希夷가 정리한 책이다. 이 책에 이런 글이 보인다.

얼굴 좋은 것은 몸 건강한 것만 못하고
몸 건강한 것은 마음 착한 것만 못하며
마음 착한 것은 덕을 베푸는 것만 못하다.

아무리 겉모습이 좋아도 몸 건강에 하자가 있으면 안 되고, 아무리 몸이 좋아도 마음에 검은 그림자가 드리워져 있으면 소용없으며, 아무리 착한 사람이라도 남에게 베풀고 살지 않으면 틀려먹은 인생이라는 뜻이다. 《마의상법》에는 이런 글도 나온다.

사주四柱는 신상身相보다 못하고

신상身相은 심상心相보다 못하다.

타고난 사주팔자보다 외양이 좋아야 하며 외양이 아무리 좋아도 내면의 충실함보다 못하다는 뜻이다. 아마 이병철 회장은 응시자의 용모를 통해 인격의 무게와 얼굴에 드러나는 심상을 알아보고 싶었던 것인지도 모른다.

강감찬 장군의 관상

조선 초기에 성현成俔의 《용재총화慵齋叢話》라는 책에 귀주대첩으로 유명한 강감찬 장군의 관상에 관한 이야기가 나온다. 강감찬 장군은 몸집이 몹시 왜소해서 후줄근하게 생긴 늙은 졸병처럼 보였다고 한다.

어느 날 강감찬 장군이 중국 사신을 만나게 되었는데, 그의 안목을 시험해 보려고 용모가 훤칠한 부하를 골라 장수 복장을 하게 하고 자신은 허름한 옷을 입고 저만치 뒤에 섰다고 한다. 웬만한 눈으로는 도저히 식별하지 못할 정도로 연극을 꾸몄는데, 이게 웬일인가, 중국 사신은 키 크고 잘 생긴 부하 장수는 거들떠보지도 않고 단번에 강감찬 앞으로 걸어와 고개를 숙이더란다. 인걸을 알아보는 중국 사신의 안목이 뛰어났다는 얘기다.

《논어》〈공야장〉 편에 나오는 '문질빈빈文質彬彬'은 외면과 내면이 모두 충실하게 어우러져서 빛이 날 만큼 훌륭하다는 뜻이다. 요즘 말로 실력과 정신을 고루 갖춘 인재를 말한다.

몸은 얼마든지 좋게 꾸밀 수 있다. 그러나 내면과 외면을 고루 충실하게 만들고 그런 노력이 얼굴에 자리 잡게 만들려면 하루 이틀 노력으로 되는 일이 아니다. 남에게 귀하게 쓰이는 인재가 되고 싶다면 착한 마음으로 살면서 남을 위하는 마음을 아끼지 않는 태도가 먼저라는 말을 새겨듣기 바란다.

文質彬彬 然後君子 문질빈빈 연후군자

외양과 내면이 적절히 조화롭게 어울려야 비로소 군자라는 말. 겉모습에만 치중하지 말고 내면도 함께 충실히 해야 군자다운 참모습을 갖추게 된다는 뜻이다.

31

적절 適切

지나친 것과 부족한 것

子貢問 師與商也 孰賢 子曰 師也過 商也不及 曰
자공문 사여상야 숙현 자왈 사야과 상야불급 왈

然則師愈與 子曰 過猶不及
연즉사유여 자왈 과유불급
—〈선진 先進〉

자공이 물었다.

"자장과 자하 중에 누구의 재능이 더 뛰어납니까?"

공자께서 말씀하셨다.

"자장은 지나치고, 자하는 미치지 못한다."

자공이 말했다.

"그렇다면 자장이 더 낫다는 말씀인가요?"

공자께서 말씀하셨다.

"지나친 것은 미치지 못한 것과 같다."

●

세상을 살면서 반드시 지녀야 할 태도

'과유불급過猶不及'은 중용中庸의 의미를 한 마디로 압축한 말이라고 할 수 있다. 주자학을 집대성한 남송 때의 유학자 주희朱熹는 이렇게 말했다.

> 중中이란 한쪽으로 치우치지 않고 기울어지지 않으며 지나침도 미치지 못함도 없는 것을 말하고, 용庸이란 떳떳함을 뜻한다.

한 마디로 말해서 중中은 편벽되지 않은 것이고 용庸은 떳떳하게 제자리를 지키고 있어서 영원히 바뀌지 않은 것이라는 뜻이다. 이로써 넘치거나 모자란 것이 같다는 공자의 말씀이 조금은 이해가 된다.

총 31편으로 구성된《중용》은 공자의 손자인 자사子思가 지은 것으로 알려져 있는데, 겉보기엔 쉬운 것 같지만 내용이 무척 심오해서 유교 경전의 하나로 취급된다.

사람은 누구나 인간적 욕심과 도덕적 본성을 함께 가지고 있다. 지혜로운 사람도 인간적 욕심이 있고, 어리석은 사람도 도덕적 본성을 완전히 잃어버릴 수는 없다. 중용이란 바로 두 마음을 다스리는 이치라고 할 수 있다. 최선을 다해 도덕적 본성을 지키며 인간적 욕심은 도덕적 본성의 틀 안에서 작동하도록 하는 것, 이것이 바로 중용의 도를 실천하는 길이다.

마음속의 저울추 하나

그러나 이런 태도가 너무 지나치면 꽉 막힌 사람이 된다. 《맹자》〈진심 상盡心 上〉편에 다음과 같은 글이 실려 있다.

> 자막子莫은 도에 가까운 양 극단의 중간을 잡았으나 저울추가 없었으니, 이는 한 가지를 고집하는 것과 같다.

자막이라는 사람은 중용의 진짜 의미를 오해해서 어떤 경우에도 반드시 중간을 지키려 했던 모양이다. 한 마디로 융통성이라곤 전혀 없는 꽉 막힌 사람이었던 것이다.

여기서 주목할 말은 '저울추'이다. 저울추는 물건의 무게를 잴 때 좌우로 옮겨 중심을 잡는 역할을 한다. 그렇듯이 양단에 있는 두 가지 물건의 무게 중심을 잡는 것, 그것이 바로 중용과 통하는 것이다.

우리는 자주 현실을 분별하는 저울추를 잊어버리고 자기 고집대로 결정했다가 낭패를 본다. 이는 마음속에 있는 저울추가 망가졌기 때문으로, 자막을 예로 든 맹자의 말씀은 우리의 이런 문제점을 지적한 것이다.《중용》에는 이런 글도 있다.

> 군자는 보이지 않는 바를 경계하고 삼가며 들리지 않는 것을 조심하고 두려워해야 한다.

아무도 보지 않는 곳에 있을 때 큰길가에서 남의 이목을 의식하듯 조신하게 행동하기는 어렵다. 아무도 내 말을 들을 사람이 없는 곳에 있으면서 군중 가운데 있는 듯이 행동하는 것도 어렵기는 마찬가지다. 그러나 옛사람들은 남이 보지 않는 곳에 혼자 있을 때에도 도리에 어긋나지 않도록 말과 행동을 조심했다. 이를 '신독[愼獨]'이라 한다.《중용》은 신독을 이렇게 설명하고 있다.

> 남이 보지 않는 곳에서 스스로 경계하고, 남이 듣지 않는 곳에서 스스로 두려워해야 한다. 숨겨진 것처럼 잘 드러나는 것은

없으며 미세한 것처럼 잘 나타나는 것은 없다. 그러므로 군자는 홀로 있을 때도 삼간다.

남이 보지 않을 때나 듣지 않을 때 스스로 경계하고 두려워하는 태도야말로 중용의 참뜻을 가장 잘 실행하는 것이라는 뜻이다. 이것은 무슨 일을 할 때 너무 지나치거나 턱없이 미치지 못하는 일이 많은 우리에게 욕심을 자제하며 중심을 잘 잡고 살라는 가르침이다. 그리고 그것은 우리들 마음속에 중용을 실천하는 저울추 하나씩 달고 살아가라는 가르침이기도 하다.

過猶不及 과유불급

너무 지나친 것은 미치지 못한 것과 같다는 말. 무슨 일을 할 때 지나치거나 미치지 못하는 일이 많은 우리에게 중심을 잘 잡고 살라는 가르침이다.

6장

명필은 붓을 가리지 않는다

많은 사람이 어떤 한 사람을 미워한다 해도
반드시 그 사람을 신중히 살펴보고, 많은 사람이
어떤 한 사람을 좋아한다 해도 반드시 그 사람을
신중히 살펴보아야 한다.

-〈위령공衛靈公〉 중에서

32

실천實踐

명필의 붓

子貢問爲仁 子曰 工欲善其事 必先利其器 居是邦也
자공문위인 자왈 공욕선기사 필선리기기 거시방야

事其大夫賢者 友其士之仁者
사기대부현자 우기사지인자
—〈위령공衛靈公〉

자공이 인을 실천하는 방법에 대해 묻자, 공자께서 말씀하셨다.
"물건을 만드는 장인이 자신의 일을 잘하려면 반드시 먼저 자기의 공구를 예리하게 만든다. 그 나라에 살면서 그 나라의 대부 가운데 현명한 사람을 섬기고 선비 중에 인한 사람을 벗으로 삼아야 한다."

명필은 붓을 가리지 않는다

당나라의 저수량褚遂良은 명필로 유명했던 우세남虞世南, 구양순歐陽詢과 어깨를 나란히 하는 최고의 서예가로 꼽혔다. 이들 중에서 당태종에게 붓글씨를 가르칠 정도로 실력을 인정받았던 저수량은 취향이 몹시 까다로워서 평소 좋은 붓과 먹이 없으면 글씨를 쓰지 않았다. 어느 날 저수량이 우세남에게 물었다.

"나와 구양순을 비교하면 누가 더 나은가?"

구양순은 왕희지王羲之와 함께 해서楷書의 달인이라는 말을 듣는 인물로, 누구도 감히 필적할 자가 없는 명필이었다. 특히 구양순체라는 필법은 고구려를 비롯한 동양 여러 나라에 퍼져나갈 정도로 명성이 높아 서성書聖이라는 말을 들을 정도였다.

저수량은 자신이 구양순과 비교해서 결코 뒤지지 않는 실력자라고 자부했기에 우세남에게 그렇게 물었던 것이다. 이에 우세남이 대답했다.

"구양순은 종이와 붓에 대해 전혀 말없이 아무 종이에나 글씨를 쓴다네. 그러나 자네는 아직도 종이와 붓에 구애를 받으니 구양순을 따를 수 없네."

이를 '능서불택필能書不擇筆'이라 한다. 명필은 붓을 가리지 않는다는 뜻으로, 좋은 종이와 좋은 붓을 따지는 저수량의 괴팍한 성미를 꼬집는 말이기도 하다. 구양순이 정말로 아무 종이에나 대충 붓을 잡고 글씨를 썼는지는 확실하지 않지만 구양순의 글씨체는 우리에게도 매우 익숙하다. 우리가 어려서 익혔던 천자문이 바로 구양순체이기 때문이다.

"물건을 만드는 장인이 자신의 일을 잘하려면 반드시 먼저 자기의 공구를 예리하게 만든다."

공자는 이렇게 강조한다. 장인은 연장을 가리지 않는다는 말이 있지만, 그럴 리 없다. 화살촉은 더 날카롭게 갈아야 하고 칼은 예리하게 다듬어놔야 한다. 여기에 오랜 세월 켜켜이 쌓아놓은 경험이 보태지면 그런 사람은 최강의 장인이 된다.

진시황제를 만든 사람

공자는 또한 타국으로 나가는 제자에게 그곳에서 어떤 사람을 사귀어야 하는지를 가르쳐주고 있다.

"어느 곳에 살면서 그곳의 대부 중에 현명한 이를 섬기고 선비 중에는 어진 사람을 벗으로 삼아라."

어느 나라에 가든지 현명하고 어진 사람을 만나야 그 나라에서 더 귀한 사람들을 만날 발판이 된다는 뜻이다. 여기 그런 인물이 있다.

여불위呂不韋는 본래 여러 나라를 떠돌며 장사를 해서 막대한 돈을 번 거상이었다. 사람 보는 안목이 뛰어났던 여불위는 자신의 출세에 좋은 연장이 될 만한 재목을 만나면 금전적 지원을 아끼지 않기로 유명했다.

어느 날 여불위가 조나라에 갔을 때 진나라 소양왕昭襄王의 손자인 이인異人이 인질로 잡혀와 있다는 사실을 알게 되었다. 그를 찾아가 몇 마디 대화를 나눠 본 여불위는 언젠가는 이인이 큰 상품이 되리라고 믿고 오랫동안 경제적 도움을 주었다.

세월이 흐른 뒤, 본국으로 돌아간 이인은 마침내 진나라 왕위를 계승하여 장양왕將襄王이 되었다. 장양왕은 여불위를 극진히 모셨고, 심지어 국가 최고위직인 승상으로 모시고 정치 전반에 참여하게 만들기도 했다.

이로써 여불위는 대단히 이문이 남는 거래를 한 셈이 되었다. 더 큰 문제는 여불위가 장양왕의 뒤를 이은 탄생시킨 왕이 바로 진시황제라는 사실이다.

아무도 내일을 알 수 없다. 장양왕도, 여불위도 자신들이 미래에 진시황제이라는 중국 역사상 가장 문제적 인간을 탄생시킨 주인공 역할을 맡을지 몰랐다. 다만 때를 기다리며 공구를 예리하게 갈고, 또 갈았을 뿐.

당신이 지금은 인생의 올무에 잡힌 인질로 살지라도 언젠가는 다시 일어설 기회가 온다는 꿈을 품고 희망은 더 날카롭게 갈고, 무기는 더 예리하게 다듬어 놓자. 그러면 반드시 그날이 온다.

工欲善其事 必先利其器 공욕선기사 필선리기기

자신의 일을 잘하려면 먼저 자기의 공구를 예리하게 만들어야 한다는 말. 자기 일에 대한 준비를 철저히 해야 최고의 결과물을 얻을 수 있다는 뜻이다.

33

친교親交

먹을 가까이하면 검어지고

子曰 性相近也 習相遠也 子曰 唯上知與下愚 不移
자왈 성상근야 습상원야 자왈 유상지여하우 불이
–〈양화陽貨〉

공자께서 말씀하셨다.
"타고난 본성은 사람마다 서로 비슷하지만 습성에 따라 서로 멀어지게 된다."
공자께서 말씀하셨다.
"최상의 지혜로운 사람과 최하의 어리석은 사람은 쉽게 바뀌지 않는다.

맛있는 귤이 탱자로 전락하다

누구나 크고 작은 허물이 있고, 살다 보면 이런저런 과오를 저지를 때도 있다. 이때 자신의 실수를 깨닫고 같은 잘못을 다시 저지르지 않으면 얼마든지 새사람으로 태어날 수 있다. 그러기 위해 필요한 것이 환경의 변화다. 이것이 얼마나 중요한지 말해주는 유명한 고사가 있다.

제나라의 안영은 고대 중국을 통틀어 최고의 재상으로 손꼽히는 인물이었다. 3대에 걸쳐 임금을 섬긴 재상으로, 청렴결백하고 군주에게 기탄없이 간언한 인물로 유명했다.

〈사서史書〉에는 안영의 키가 '여섯 자尺가 채 되지 않았다'고 기록되어 있다. 하지만 작은 체구에 웅장한 포부와 용기를 지니고 있어 제나라에서 절대적인 신망을 얻었고, 왕조차 안영에게 예의를 다해서 대했다고 한다.

어느 날 안영이 초나라 왕의 초대를 받았다. 안영에게 한마디 귀한 말씀을 듣겠다는 의도였는데, 그럼에도 초나라 왕은 일단 안영의 기를 죽일 요량으로 대궐 앞마당에 제나라 출신 죄수들을 불러다놓고 제나라 사람들은 도둑질을 잘하는 모양이라고 비웃었다. 이에 안영이 껄껄 웃으며 말했다.

"귤이 회남淮南에서 나면 귤이 되지만 회북淮北에서 오면 탱자가 되는 법입니다."

따뜻한 남쪽 지방에 위치한 제나라에서 자란 사람은 원래 나쁜 짓을 하지 않지만 같은 사람이라도 춥고 척박한 북쪽 땅 초나라에 오면 이곳의 풍토가 선한 사람도 도둑질을 하게 만든다는 뜻이다.

그만큼 초나라가 제나라보다 풍토와 인심에서 큰 차이가 난다는 사실을 비판한 것이다. 안영의 말에 초나라 왕은 입을 닫아버렸다. '귤화위지橘化爲枳'라는 말이 생긴 연유다.

환경의 중요성을 다시 깨닫다

공자는 타고난 본성은 사람마다 서로 비슷하지만 습성에 따라 서로 멀어지게 된다고 말한다. 습성이란 오랫동안 되풀이해서 몸에 익은 채로 굳어진 개인적 행동을 말한다.

성리학에서는 인간의 품성을 본연지성本然之性과 기질지성氣質之性으로 나눠 설명한다. 본연지성은 사람이 원래 갖고 있는 착하고 사리사욕 없는 천부적 심성을 말하는데 반해 기질지성은 처한 환경과 조건에 따라 선하게도 악하게도 나타난다고 본다.

그렇기에 유학에서는 기질지성을 정화시켜 본연지성을 회복할 수 있도록 힘쓰는 교육의 중요성을 강조한다. 전형적인 사례가 맹자의 어머니로, 아들을 데리고 더 좋은 환경을 찾아 돌아다닌 것은 결코 과열된 교육열만은 아니었다.

감수성이 예민한 아이들이 주위환경의 심각한 영향을 받는 것은 당연한 일이니 강남의 귤이 강북에 와서는 탱자가 된다는 말은 반드시 새겨들어야 할 일이다. 《명심보감》에 이런 글이 있다.

> 먹을 가까이 하면 검어지고 주사를 가까이 하면 붉어지니 주거지를 택할 때는 반드시 좋은 이웃을 골라 함께 살도록 하고 벗을 사귈 때는 반드시 귀인을 택해 사귀어라.

붓글씨를 쓸 때 아무리 조심해도 손이나 옷에 먹물 자국이 남는다. 주사는 예전에 부적의 물감으로 사용하던 붉은 암석가루로, 손가락에 붉은 자국이 남았다.

애초에 가까이하지 않았으면 먹물 자국이든 붉은 자국이든 남지 않았을 텐데, 가까이했기에 그런 흔적이 남았다. 이웃도 마찬가지이고 친구도 마찬가지로, 선한 사람을 만나면 선한 영향을 받지만 악한 사람을 만나면 어떻게든지 나쁜 기운에 물들게 된다.

옛말 틀린 것 하나도 없다. 자녀들이 혹시 먹을 가까이 하는지 살펴볼 일이고, 내가 혹시 진흙 가운데 있는지 돌아볼 일이다. 지금 살고 있는 마을, 다니고 있는 회사, 자주 어울리는 친구들을 돌아보라. 지금 뭔가 마음고생 하는 문제가 있다면 귤이 아니라 탱자만 열리는 초나라 땅이 아닌지 생각해 볼 일이다.

性相近也 習相遠也 성상근야 습상원야

사람마다 타고난 본성은 비슷하지만 성장하는 환경과 습성에 따라 차이가 나게 된다는 말. 교육 환경과 성장 조건의 중요성을 강조하는 말이다.

34

질문質問

절실하게 물어라

子夏曰 博學而篤志 切問而近思 仁在其中矣
자하왈 박학이독지 절문이근사 인재기중의
―〈자장子張〉

자하가 말했다.
"널리 배우고 뜻을 독실하게 세우며, 아직 깨닫지 못한 것은 절실하게 묻고 가까운 곳부터 생각한다면 인은 그 가운데 있다."

통치학의 교과서에 적힌 글

'고굉지신股肱之臣'이라는 말이 있다. 임금에게 팔다리 같은 역할을 하는 신하라는 뜻으로《서경》에 나오는 말이다. 순임금이 신하들에게 말했다.

"그대들은 짐의 팔다리요 눈과 귀이니臣作朕股肱耳目 백성들을 돕는 데 있어 그대들이 나를 대신해달라."

순임금은 중국 신화에 등장하는 인물로 선대 요堯임금과 함께 '요순시대'라는 최고의 태평성대를 이끌었다고 알려져 있다. 그렇기에 역대 왕들은 누구나 순임금의 치세를 본받기를 바랐을 만큼 최고의 제왕으로 쳤다.

순임금만큼 태평성대를 이끌었다는 평을 듣는 당 태종 이세민에게는 위징魏徵이라는 신하가 있었다. 위징은 태종에게 목숨을 내놓고 직언하는 사람으로, 이세민이 위징과 나눈 문답집이 역대 군주들의 통치학 교과서로 읽히는데 바로《정관정요貞觀政要》이다. 어느 날 이세민이 위징에게 물었다.

"어찌 하면 현명한 임금이 되고 어떻게 하면 어리석은 임금이 되는가?"

위징이 지체 없이 대답했다.

"여러 사람의 의견을 고루 들으면 현명한 군주로 만인이 우러르지만 한쪽 의견에만 치우치면 만인의 외면을 받는 어리석은 군주가 됩니다."

'절실하게 묻고 가까운 곳부터 생각하라'는 자하의 말과 겹쳐 들리는 조언이다. 당 태종은 위징이 하도 곧이곧대로 직언을 하니 화를 낼 때가 많았다. 황제가 몇 날 며칠 밤을 새워 궁리한 것을 신이 나서 말하면 위징은 단칼에 안 된다고 머리를 흔들 뿐이었다.

어느 날 위징의 거듭된 직언에 잔뜩 화가 난 당 태종이 '저 늙은이를 당장 죽여 버리겠다!'고 내뱉는데도 위징은 꿈쩍도 않고 머리만 흔들었다. 어쩌면 당 태종이라는 군주는 그런 신하가 있었기에 중국 역사를 통틀어 최고의 황금시대를 열었는지도 모른다. 그의 통치 기간은 '정관의 치貞觀之治'라 해서 중국 역사상 가장 번영했던 시대로 손꼽힌다.

밭일은 머슴에게 물어라

그러나 제왕들은 남에게 잘 묻지 않고 제멋대로 하다가 일을 망친다. 왕이 기분 내키는 대로 병사를 동원했다가 대패하여 나라가 휘청하는 경우도 있고, 충신들의 간언을 듣지 않고 멋대로 결정했다가 대궐이 쑥대밭이 되는 경우도 부지기수였다.

특히 약육강식의 살벌한 법칙이 횡행했던 춘추전국시대에는 침략의 야욕을 버리지 못하는 제왕들이 신하들의 반대를 무릅쓰고 틈만 나면 병사들을 전쟁터에 내몰았다.

송나라 왕이 타국을 침략하려고 장수 심경지沈慶之를 불러 의견을 묻자 그 나라는 강국이니 함부로 침공하는 건 위험하다는 답을 들었다. 그럼에도 야욕을 접지 않은 왕이 이번에는 문신들을 불러 앉혀놓고 의견을 물었다. 이에 심경지가 득달같이 간언했다.

"밭일은 머슴에게 묻고 베를 짜는 일은 계집종에게 물어야 합니다耕當問奴 織當問婢. 하물며 이웃나라를 정벌하면서 희고 고운 얼굴에 오로지 글만 읽은 백면서생들과 일을 도모하신다면 어떻게 성공을 기약할 수 있겠습니까?"

그렇다. 밭일은 농사를 지어온 일꾼들이 박사급이고 베 짜는 일은 여인들이 최고 전문가다. 그럼에도 오다가다 어깨 너머로 쳐다보기만 했던 사람에게 그런 일을 물어본들 제대로 된 답을 내놓을 리 없다.

왕이나 기업인 같은 조직의 리더들은 무슨 일을 하면서 절실하게 묻기는커녕 건성으로라도 묻는 일이 드물다. 자기 뜻을 초지일관 관철하는 것을 리더의 덕목이라고 믿을 정도로 고집불통인 그들의 뒤에 무슨 결과가 따르는지는 역사가 말해 주고 있다.

어찌 제왕이나 기업가뿐이랴. 우리들 모두에게 해당하는 말이다. 가까운 것부터 생각하며 의문이 생기는 일은 절실히 물어 해결하는 도전자라면 내일로 가는 행진에 걸림돌은 그만큼 줄어들 것이다.

博學而篤志 切問而近思 박학이독지 절문이근사

폭넓게 배우고 뜻을 독실하게 세우며 아직 깨닫지 못한 것이 있으면 절실하게 물어야 한다는 말. 제자들에게 공부의 자세를 일깨우는 말이다.

35

책임責任

내 탓의 힘

子曰 君子求諸己 小人求諸人
자왈 군자구제기 소인구제인
-〈위령공衛靈公〉

공자께서 말씀하셨다.
"군자는 어떤 일의 원인을 자기 자신에게서 찾지만 소인은 다른 사람들에게서 찾는다."

진시황 암살 작전

《사기》〈자객열전〉에는 형가荊軻라는 자객 이야기가 나온다. 그가 연나라의 태자 단丹과 함께 진시황제를 암살할 계획을 모의하고 즉시 준비에 착수하여 실행에 옮겼다.

연나라 태자는 오래 전부터 진시황을 암살할 작정을 하고 거사에 참여할 무사를 찾고 있었다. 그러다 위나라 출신의 자객 형가를 만나게 되었고, 그와 의기투합하여 거사를 모의하게 되었다. 그들은 진시황을 만날 구실을 만들었고, 예행연습까지 하며 여러 날을 착실히 준비했다. 만약 이들이 진시황을 예정대로 암살한다면, 이는 중국 대륙 전체를 뒤흔드는 대사건으로 그만큼 의미심장한 거사였다.

당시 진시황제는 항상 암살의 위험에 처해 있어 주변을 단단히 단속하고 있었다. 아방궁에 머물던 진시황을 만나려는 사람은 누구도 100보 이내에 접근할 수 없다는 철칙을 세워 놓을 만큼 엄중한 보호를 받았다. 그런 상황에서 태자 단은 형가에게 거사 자금을 대주면서 황제를 참살할 계획에 착수했다.

마침내 진시황제를 만나는 날, 형가는 연나라 요충지이자 기름진 땅인 독항督亢 지역의 지도 속에 몰래 비수를 넣어 예물로 바쳤다. 지도를 바친다는 것은 연나라의 심장과 같은 땅을 진나라에 할양하겠다는 의미였기에 황제를 만날 수 있었다.

마침내 진시황제에게 지도를 설명하겠다며 형가가 가까이 다가갔다. 황제가 지도를 펼쳐보는 순간, 그 속에 감춰 둔 칼이 나타나면 즉시 빼앗아들고 진시황제의 심장을 찌를 심산이었다.

그러나 황제가 지도를 펼치기 직전에 갑자기 지도 속의 비수가 바닥에 툭 떨어지는 바람에 모든 게 들통이 나고 말았다. 형가보다 근위병사들이 먼저 진시황제를 에워쌌고 형가는 꼼짝없이 붙잡히고 말았다.

그 뒤는 참혹한 고문이었다. 온몸이 찢기는 고문을 통해 배후를 찾아내려는 형리들의 손길은 매섭기만 했다. 만약 형가가 발설하면 연나라는 그 길로 초토화가 될 것이다. 그러나 형가는 껄껄 웃으며 그저 하늘이 나를 버려 칼이 제풀에 튀어나온 것만이 억울할 뿐, 모두 자신이 꾸민 짓이라고 우겼다.

《사기》는 대장부다운 심지로 폭군 진시황에 맞섰던 형가를 의사義士라 칭하며 높이 평가했다. 절대 권력자의 심장에 칼을 꽂으려 한 용기와 죽을 때까지 누구도 원망하지 않고 남 탓도 하지 않았던 의리를 높이 샀기 때문이다.

내 탓의 힘은 강하다

많은 사람들은 잘된 일은 '내 덕'이라고 말하고 잘못된 일은 '남 탓'을 하는 경향이 있다. 그러다 일이 잘못되었을 때 원인을 안에서 찾지 않고 밖에서만 찾으면 영원히 답을 찾지 못하게 된다.《맹자》〈이루 상離婁 上〉편에 실린 이야기를 보자.

하나라 우임금 때 어떤 제후가 모반을 일으키려고 쳐들어왔다. 이에 하나라 왕자 백계伯啓가 앞장서 싸웠지만 크게 패하고 말았다. 그런데도 병사들이 패배를 인정하지 않고 다시 싸울 것을 건의하자 백계가 말했다.

"나는 그들보다 많은 병력에도 참패하고 말았다. 이는 내가 부덕한 탓이고 부하들을 통솔하는 방법이 잘못되었기 때문이다. 따라서 먼저 나 자신에게서 잘못을 찾아 고쳐 나가겠다."

그때부터 백계는 더욱 자신을 단련하는 한편으로 군대를 양성하는 일에 힘을 다함으로써 백성의 기대를 한 몸에 받는 인물이 되었다. 그러고 얼마 후 전에 난을 일으켰던 제후가 백계의 위세에 눌려 스스로 투항했다. 손자는 싸우지 않고 이기는 것이 최고라고 했는데 이런 경우가 그러했다.

하나라의 승리는, 백계가 내 탓이라고 외치고 절치부심 힘을 모은 덕분이었다. 그때 만약 하나라 군대가 패배를 인정하지 않고 다시 전쟁터에 나갔다면 나라 자체가 무너졌을지 모른다.

남 탓은 쉽지만 그렇다고 답이 나오는 것은 아니다. 반면에 '내 탓'의 힘은 강해서 모든 원인을 남이 아닌 나에게서 찾기에 해결의 열쇠를 찾을 수 있다. '내 덕'이 아닌 내 탓, 남 탓이 아닌 내 탓으로 새로운 길을 열어 나가자.

君子求諸己 小人求諸人 군자구제기 소인구제인

군자는 일의 원인을 자신에게서 찾지만 소인은 다른 사람들에게서 찾는다는 말. 주변 환경에서 핑계거리를 찾는 태도의 어리석음을 꾸짖는 말이다.

36

파악把握

많은 사람이 미워해도

子曰 衆惡之 必察焉 衆好之 必察焉
자왈 중오지 필찰언 중호지 필찰언
–〈위령공衛靈公〉

공자께서 말씀하셨다.
“많은 사람이 어떤 한 사람을 미워한다 해도 반드시 그 사람을 신중히 살펴보고, 많은 사람이 어떤 한 사람을 좋아한다 해도 반드시 그 사람을 신중히 살펴보아야 한다.”

△

생사를 함께하는 소중한 친구

조나라 혜문왕 때 염파廉頗와 인상여藺相如가 나라에 큰 공을 세웠다. 그런데 보잘것없는 가문 출신인 인상여가 상경 벼슬에 오르자 명문가 출신 염파가 불만을 터뜨리며 인상여를 만나면 단단히 망신을 주겠다고 떠벌이고 다녔다. 그 말을 들은 인상여는 염파와 마주치지 않으려고 피해 다니기만 했다. 인상여의 부하들이 물었다.

"왜 그렇게 염파 장군을 두려워하십니까?"

그러자 인상여가 대답했다.

"나는 염파 장군이 무서워서 피해 다니는 게 아니다. 다른 나라가 우리나라를 공격하지 않는 이유는 나와 염파 장군이 있기 때문인데 우리가 서로 헐뜯고 싸운다면 나라에 도움이 되지 않을 것이다."

이 말을 전해들은 염파는 당장 인상여의 집으로 달려가 엎드려 사죄했고, 이 일로 두 사람은 대신 목을 내어놓을 수 있을 정도로 절친한 친구가 되었다. 이를 '문경지우刎頸之友'라고 하는데 생사를 같이할 수 있는 매우 소중한 친구 사이라는 뜻이다.

링컨의 청년 시절

에이브러햄 링컨은 젊은 시절 세상의 밑바닥을 전전했다. 미시시피 강에서 보트로 짐을 나르는 일도 했고 가게 점원, 토지측량사, 심지어 레슬링 선수로도 활동했다. 그러다 변호사가 된 링컨은 정계로 뛰어들었지만 보잘것없는 경력 때문에 선배 정치인들의 배척을 많이 받았다.

더구나 링컨은 정식 교육이라곤 18개월 동안 여러 명의 순회교사들로부터 수업을 들은 것이 전부일 만큼 변변치 않은 학력의 소유자였기에 많은 사람들이 그가 대통령 선거에 나왔을 때는 비아냥거리는 목소리가 하늘을 찔렀다. 그러나 링컨은 역대 그 어떤 정치가보다 오래 세계인의 뇌리에 남는 정치인으로 기억된다.

많은 사업가들이 대단하다는 소문만 듣고 한 사람을 평가했다가 낭패를 본 경험이 있을 것이다.

이런 이야기는 곳곳에서 흉흉한 소문을 만들어 낸다. 화려한 이력의 소유자를 재무책임자로 앉혔는데 몇 년 후 수십억대의 공금횡령 사건을 일으켜 TV 뉴스를 장식하거나 회사의 기술개발 서류를 몽땅 빼내어 다른 나라에 팔아넘기고 외국으로 도망친 사람도 있다.

사람은 직접 부딪쳐 겪어 보지 않으면 알 수 없다. 열 길 물속은 알아도 한 길 사람 속은 모른다는 말이 괜히 생긴 것이 아니다. 소문만 듣고 함부로 사람을 평가하거나 첫인상만으로 한 사람에 대해 전부 아는 것처럼 생각해서는 안 된다.

> 많은 사람이 누군가를 미워하더라도 반드시 그를 신중히 살펴봐야 하고, 많은 사람이 누군가를 좋아하더라도 반드시 그를 신중히 살펴봐야 한다.

세상에 떠도는 소문은 입에서 입으로 전해지다 보면 과장되기 마련이다. 돌멩이가 바위가 되기 일쑤이며 작은 나무가 하늘을 덮는 고목이 되기도 한다. 직접 만나기 전에는 괴물인 줄 알았는데 평범한 인물도 있고, 천하제일의 인재라는 말을 들었는데 직접 보니 인재는커녕 형편없는 사람도 있다.

직접 써 보기 전에는 사람을 함부로 평가하지 말라는 공자의 말은 그래서 더 귀에 오래 남는다. 공자 말씀의 핵심은 '신중하게 살려라'라는 한 마디로 귀결된다. 함부로 마음을 닫거나 선불리 닫지 말고, 조심하라는 충고다. 사람을 쓰고, 지휘하는 자리에 있는 사람은 나중에 일이 터진 뒤에 가슴을 치지 말고 공자의 말씀을 가슴에 새기기 바란다.

衆惡之 必察焉 중오지 필찰언

많은 사람이 어떤 한 사람을 미워해도 반드시 그 사람을 신중히 살펴보라는 말. 주위 평가에 휘둘리지 말고 나름의 기준으로 사람을 평가하라는 뜻이다

37

포부抱負

우물 안 개구리의 자랑

孔子曰 侍於君子 有三愆 言未及之而言 謂之躁
공자왈 시어군자 유삼건 언미급지이언 위지조

言及之而不言 謂之隱 未見顔色而言 謂之瞽
언급지이불언 위지은 미견안색이언 위지고
—〈계씨 季氏〉

공자께서 말씀하셨다.
"군자를 모실 때 저지르기 쉬운 잘못이 세 가지가 있다. 말할 때가 되지 않았는데 말하는 것을 조급하다고 한다. 말해야 할 때가 되었는데도 말하지 않는 것을 속마음을 숨긴다고 한다. 낯빛을 살피지도 않고 말하는 것을 눈뜬장님이라고 한다."

대롱을 들고 하늘을 보다

옛날 중국인들은 주나라의 편작扁鵲과 한나라의 화타華陀를 천하제일의 명의라고 불렀다. 이들 중에 편작은 원래 이름이 진월인秦越人으로, 약초나 침을 통한 치료에 탁월한 능력이 있고 맥박에 의한 진단에도 뛰어났다. 화타는 침술 치료에 의한 외과적 진료에 탁월한 명의였다.

편작이 괵나라에 갔을 때, 방금 태자가 죽었다는 얘기를 들었다. 그런데 어의를 만나 태자의 병환을 전해들은 편작이 고개를 갸웃거리다 이렇게 말했다.

"내가 태자를 소생시켜 보겠소."

어의가 자신의 판단을 믿지 않는 편작의 처사에 버럭 화를 내자 편작이 이렇게 대꾸했다.

"당신의 의술은 대롱을 들고 하늘을 보는 것과 같아서 전체를 살폈다고 볼 수 없소. 태자는 아직 죽지 않았다고 확신하오."

대롱을 통해 하늘을 본 것과 같이 태자의 병세 중에 극히 일부분만을 보고 아직 말할 때가 되지 않았는데도 사망선고를 내렸다는 일갈이었다. 어의가 반신반의하며 태자의 몸을 다시 살피니 과연 편작의 말이 맞았다. 태자는 아직 죽지 않았다.

잠시 후, 편작이 태자의 몸 이곳저곳에 침을 놓자 숨을 길게 몰아쉬며 살아났다. 얼마간의 치료 끝에 태자가 일어나서 거동할 수 있게 되자 온 나라에 편작이 죽은 사람을 살려냈다는 소문이 퍼졌다. 이에 편작이 말했다.

"나는 죽은 사람을 소생시킨 게 아니라 아직 죽지 않은 사람을 고친 것뿐이라오."

우물 안의 개구리

편작이 말한 대롱을 들고 하늘을 본다는 뜻의 용관규천用管窺天은 '우물 안 개구리'와 같은 말이다. 이 말은 사실은《장자》에 나오는 이야기로, 역사가 꽤 깊은 우화이다.

우물 안에 사는 개구리가 동해바다에 사는 자라에게 이야기했다. '나는 참으로 즐겁다. 우물 시렁 위에 뛰어오르기도 하고 우물 안에 들어가 부서진 돌멩이에서 쉬기도 한다. 또 물이 가득 들면 겨드랑이와 턱을 내놓고 물에 떠 있기도 하고, 발로 진흙을 차면 발등까지 흙에 묻히기도 한다. 장구벌레나 올챙이가 어찌 내 팔자에 겨누겠는가? 나는 한 웅덩이의 물을 혼자 차지하고 마음대로 노니는 즐거움이 지극하거늘, 동해에 사는 자라야, 너는 왜 가끔 내게 와서 보지 않는가.'

개구리의 눈에는 우물 속이 가장 넓은 세계라는 것이다. 하지만 그런 이야기를 듣는 자라의 입장에서는 참으로 기가 찰 노릇이다. 그래서 혀를 끌끌 차며 '우물 안 개구리 녀석!' 하고 쏘아붙였다.

오늘날 '우물 안 개구리'는 사회의 형편을 모르는 사람, 견문이 좁은 사람, 자기 생각에 갇혀 있는 사람을 뜻하는 말로 쓰인다. 공자는 일찍이 그런 이들을 '최하의 어리석은 사람'에 속한다고 말했다. 장자는 이렇게도 썼다.

여름 벌레가 얼음을 알지 못하는 것은 여름 한철밖에 모르기 때문이다.

우리는 자주 여름 벌레나 우물 안 개구리처럼 행동할 때가 있다. 남의 의견을 받아들이지 못하고 자기 생각만 고집하는 학생, 부하직원의 의견을 무시하고 독단적으로 일처리를 하는 상사, 아내의 말을 깔아뭉개고 모든 일을 자기 혼자 결정하는 남편은 당장 우물 밖으로 나가야 한다.

대롱을 통해 세상을 보는 어리석음은 이제 그만해야 한다. 세상은 손바닥으로 가릴 수 있는 것이 아니다. 자기 세계에 속박되어 있는 한 그의 삶에 내일은 없다는 사실을 잊지 말자.

言未及之而言 謂之躁 언미급지이언 위지조

말할 때가 되지 않았는데 말을 하는 것은 조급하다는 말. 말할 때와 말하지 말아야 할 때를 가려서 항상 조심스레 행동해야 한다는 뜻이다.

38

지락至樂

좋아하는 것과 즐기는 것

子曰 知之者 不如好之者 好之者 不如樂之者
자왈 지지자 불여호지자 호지자 불여락지자
—〈옹야雍也〉

공자께서 말씀하셨다.
"아는 사람은 좋아하는 사람만 못하고, 좋아하는 사람은 즐기는 사람만 못하다."

△

그거 다 뻥이에요!

"노력하는 자가 즐기는 자를 못 따라간다? 그거 다 뻥이에요! 그냥 즐겨서 되는 거 없습니다. 저는 전쟁이라고 생각했어요. 승부를 내는 사람이 즐긴다? 저는 용납을 못했어요."

농구선수 출신 방송인 서장훈 씨가 어느 강연에서 한 말이라고 한다. 이기느냐, 지느냐, 승부세계의 한복판에서 즐기면서 임하겠다는 생각 자체가 틀려먹었다는 얘기다.

요즘 젊은이들은 '즐긴다'는 말을 자주 한다. 결승전을 앞둔 운동선수가 시합을 즐기겠다고 말하고, 오디션 최종 무대에 오른 가수 지망생도 즐기겠다고 말한다. 그 말의 속뜻은 승부에 연연하지 않고 경쟁에 임하겠다는 것인데, 과연 그럴 수 있을까?

즐기려는 마음을 가로막는 것은 욕심, 긴장, 시기심 같은 부정적인 감정들인데 이런 것들을 다 떨쳐내고 마음의 평정을 유지하며 온전히 즐기기는 참 어려운 일이다.

지금은 유명한 영화배우가 된 사람들 중에도 데뷔 초기에 너무 긴장한 나머지 도저히 입이 떨어지지 않아 감독에게 퇴짜를 맞았다고 고백하는 경우가 꽤 있다. 어떤 배우는 자신의 흑역사라면서 헛된 욕심을 부렸던 젊은 시절의 작품들을 부끄러워하기도 한다.

말 타기 승부에서 이기는 비결

진나라에 왕자기王子期라는 유명한 마부가 있었다. 조나라의 대부가 그에게 거금을 주고 말을 부리는 기술을 모두 배우고는 이만하면 되었다고 생각해서 마차 달리기 시합을 청했다.

하지만 자신만만했던 조나라 대부는 세 차례나 말을 바꿔 탔는데도 왕자기에게 연속으로 패하고 말았다. 이에 조나라 대부가 버럭 화를 내며 말을 다루는 기술을 제대로 가르쳐 주지 않은 것 같다고 따졌다. 그러자 왕자기가 대답했다.

"저는 비책을 전부 가르쳐드렸지만 대부께서 잘못 받아들이셨습니다. 말을 다루면서 제일 중요한 일은 사람과 말의 마음이 일치되어야 하는 것으로, 대부께서는 저를 앞지르고자 초조해 하고 앞서 달릴 때는 제가 쫓아오지 않을까 걱정하셨습니다. 말을 달려 먼 곳까지 달릴 때는 앞설 수도 있고 뒤질

수도 있는데, 앞서든 뒤지든 항상 저에게 마음을 쓰시니 어떻게 말과 일치되어 달릴 수 있겠습니까?"

한 마디로 말해서 승부와 관계없이 말 타기 자체를 즐기겠다는 자세가 아니라 어떻게든 이기려고 상대를 신경 쓰다 보니 말과 일심동체가 되지 못했다는 얘기다.

왕자기는 말을 다루면서 제일 중요한 일은 사람과 말의 마음이 일치되는 것이라고 한다. 이로써 우리는 운동경기를 할 때든 오디션 무대든 어떤 마음으로 임해야 하는지를 알겠다. 다른 사람은 신경 쓰지 않고 시합 자체에 완전히 몰입하는 것, 그것이 즐기겠다는 말의 본뜻일 것이다.

> 아는 사람은 좋아하는 사람만 못하고, 좋아하는 사람은 즐기는 사람만 못하다.

공자는 도道를 그냥 아는 것보다 좋아해야 하며, 그냥 좋아하기보다는 즐기는 것이 제일이라고 말한다. 안다는 것은 진리가 있다는 사실을 그냥 아는 데 그치는 것이고, 좋아한다는 것은 좋아만 했지 완전히 얻지는 못한 것이다. 이에 반해 즐긴다는 것은 완전히 얻어서 이를 마음으로 향유하는 것을 말한다.

아무리 많은 것을 알고 있어도 머릿속에 지식으로만 남겨 두고 있으면 소용이 없다. 그것을 실천하면서 남을 위해 사용하는 것이 진짜 지락至樂의 수준에 이른 것이다.

하지만 그런 수준에 오르려면 일단 많이 알아야 하고, 그런 일을 좋아해야 한다. 그런 다음에 즐거움의 단계에 들어가는 것이니 실력도 없고 좋아하지도 않으면서 무조건 즐기기만 해서는 소용이 없다. 공자의 말씀은 매일같이 생존경쟁의 전쟁을 겪으며 살아가는 우리에게 인생의 기쁨이란 묵묵히 자기의 삶 자체에 몰입해서 살아가는 것이라는 사실을 가르쳐 준다.

好之者 不如樂之者 호지자 불여락지자

좋아하는 사람은 즐기는 사람만 못하다는 말. 좋아하는 것 그 자체로는 완전히 얻지 못한 것이지만 즐기는 것은 완전히 얻어서 마음으로 향유하는 것이라는 뜻이다.

마치면서

이 책은 동양고전의 최고봉이라는 상찬을 받는 《논어》를 바탕으로 대중인문서에 가깝게 현대적 해석을 덧붙인 도서로, 이를 통해 고대중국의 세계를 엿볼 수 있을 뿐만 아니라 오늘을 살아가는 우리들의 모습도 돌아볼 수 있게 꾸몄다.

이 책을 읽은 독자들은 많이 놀랐을 것이다. 이 땅에서 이천 년 이상의 시간을 살아온 인간이 아무리 많은 시간이 흘렀어도 여전히 변함없는 모습을 보인다는 것이다. 외부적인 조건은 현격하게 달라졌어도 인간의 마음을 채우고 있는 정서나 감정은 별로 달라진 것이 없음을 알게 된다.

그럼에도 공자의 말씀이 오늘을 사는 우리에게 마음을 울리는 귀한 교훈으로 들리는 이유는, 그만큼 가장 쉽고 가장 낮은 목소리로 우리에게 가르침을 전하기 때문이다.

총 38장으로 구성된 이 책은 《논어》에서 가려 뽑은 38개의 귀한 말씀을 해설하면서 여러 동양고전에서 뽑은 문장들과 거기서 파생된 고사성어, 그리고 서양의 철학자들과 역사적 사실에서 가져온 이야기들을 교직하여 독자의 이해를 돕고 있다.

이 책의 제목《젊은 논어》는 '젊은 독자를 위한 논어'라는 뜻으로, 멀게만 느껴지는 동양고전 속의 지혜들을 오늘의 젊은이들이 이해할 수 있도록 사례 중심으로 이야기를 풀어 나갔다.

그 이야기들은 하나같이 인간의 공통적인 감정과 행동을 보여주는 사례들로, 기억해두면 삶의 여러 장면에서 요긴하게 적용할 수 있을 것이다.《논어》와 관련된 많은 도서들 중에서도 가장 독특한 기획편집으로 구성된 이 책을 통해 젊은 독자들의 삶의 행로에 큰 도움이 되기를 바란다.

젊은 논어

초판 1쇄 인쇄일 2022년 12월 10일
초판 1쇄 발행일 2022년 12월 23일

지은이 이삼수
발행인 이지연
주간 이미숙
책임편집 김진아
책임디자인 김은주
책임마케팅 안병휘
경영지원 이지연

발행처 ㈜홍익출판미디어그룹
출판등록번호 제 2020-000332 호
출판등록 2020년 12월 07일
주소 경기도 고양시 백석동 1324 동문굿모닝타워 2차 927호
대표전화 02-323-0421
팩스 02-337-0569
메일 editor@hongikbooks.com

ISBN 979-11-91420-94-4(03140)